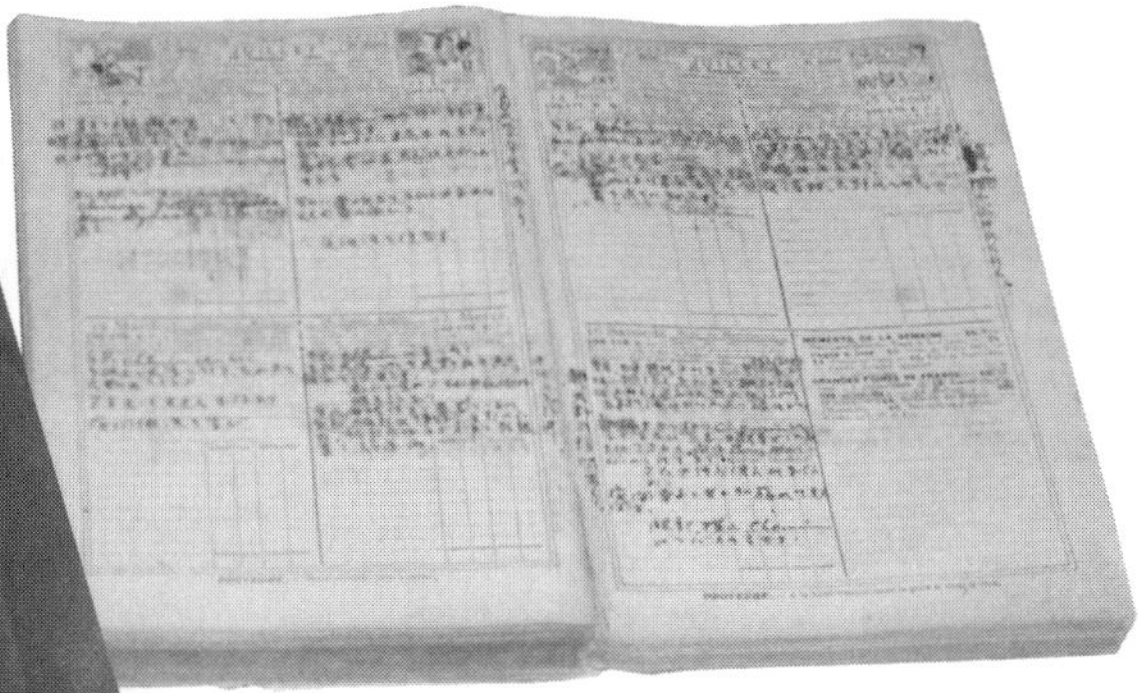

監修者——五味文彦／佐藤信／高埜利彦／宮地正人／吉田伸之

［カバー表写真］
台湾サオ族の杵歌
（右下は1900年，鳥居龍蔵撮影の写真）

［カバー裏写真］
台湾ヤミ族の刳舟
（戦前の絵はがきより）

［扉写真］
徳島県立鳥居記念博物館および
鳥居龍蔵の肖像と日記

日本史リブレット 64

近代日本の海外学術調査

Yamaji Katsuhiko
山路勝彦

目次

人類学者の学的営み

人類学者が海外で学術調査をすることは、現在ではさほど珍しいものではない。とはいえ、時間と資金の問題は別として、海外で調査をするには、その国の政府から特別の調査査証を取得しなければならないというむずかしい問題がある。外国での調査は治安の問題、政治上の問題などで事実上、許可されない場合もあるし、厳しい制約のもとにおかれてやっと可能という場合もある。長期滞在なら、食事の問題を含め、生活環境の激変は調査者を悩ますことであろう。観光査証で気軽に旅行などとは、いかないものである。

明治・大正期はさらに条件が悪かった。海外の情報などをえることは簡単でなく、通信手段はもちろん、交通手段も未発達という状況では、不便このうえもない。夜盗・山賊の類が跋扈《ばっこ》する地帯では、どうやって自己の身体の安全を守っていくか、調査以前の問題に頭をまわさなければならなかった。しかしながら、こうした劣悪な状況のなかでも志しをいだく人はいるものである。未知なる世界に夢を馳せ、自己とは違う世界に憧れをいだく、こうした知的探求心の旺盛な人は昔から数多くいた。

もちろん夢をいだいていても、大航海時代のイギリスとは違って海外飛躍の経験の乏しい日本では、地球のすみずみまででかけるということはなかった。おのずとそこには限界があった。植民地《しょくみんち》帝国として発展していった時代、でかけることのできる範囲といえば、おのずからその支配していた領域内にとどまらざるをえなかった。しかし、その領域内といっても、首刈りがまだ行われていた台湾山中であったり、酷寒のシベリアであったり、厳しい環境のタクラマカン砂漠であったり、言語を絶する世界には変わりなかった。そのような世界へ飛び立っていった人たちは、もちろん時代を超越したスーパーマンであったわけではない。その人たちといえども、時代の制約を受けざるをえなかった。時、まさに植民地帝国として膨張していた時代、この時代に研究活動をすれば、否応なしに政治との関わりができてしまう。

近代日本の海外学術調査を標題とした本書は、異文化研究にかかわる人類学者の営みを日本近代史のなかで跡づけていくことを目的にしている。したがって、植民地主義との関わりで本書の主題は議論されている。異文化研究といっても、蝦夷《えぞ》地《ち》での探索は江戸時代からあった。しかしながら、明治期は規模や形式でも前代とは比べものにならないほどめざましい発展をとげていたし、また目的も違っていた。なによりも、日本は広大な植民地をかかえる帝国となっていた。帝国内での多様な民族構成は、統治のうえからも学問的知識の体系化を必要としていたが、その多様な存在自体が知的探求心を呼び起こしていったのである。

ただし、本書は人類学そのものの学説史を扱う内容ではない。また、人類学の専門家だけに照準をしぼって議論しているのでもない。この時代、海外調査、正確にいえば日本内地以外の土地での調査は、人類学者だけが独占的に行っていたのではない。風俗習慣、社会構造、宗教・儀礼などに興味をもつ人たちには、評論家や新聞人もいた。植民地官吏《かんり》にいたっては、統治を円滑に行う目的で、同じように調査活動に従事していた。むしろ、植民地行政に携わる官吏は誰よりも早く人類学的調査を開始していたのである。したがって、こうした人たちの活動に注意しながら人類学者の足跡をたどっていく必要がある。

本書は、こうした植民地官吏の活動にも配慮しながら、明治・大正・昭和にわたって植民地帝国を生きてきた日本の人類学者が、植民地を舞台にどのような学的営みをしてきたのか検証する試みである。結果的にいえば、ある意味では戦前期の海外調査とは人類学者の植民地体験にかかわる事柄にほかならなかった。それだけ、戦前期の海外調査は植民地主義との関わりを抜きにしては語りえないことであった。この植民地主義との関わりで人類学者の営みを論じてみようとするのが、本書のもくろみである。

なお、本書では、読みやすさを考えて、明治期のカタカナまじりの文献のうち、長文の引用文の場合、カタカナをひらがなにおきかえ、句読点を付け加えている。

①学術調査の黎明期

人類学の夜明け前

近代国家が成立する以前、鎖国《さこく》状態にあった江戸幕府といえども、周辺地域の学術的調査は国防問題と関連して切実なる関心事であった。樺太《からふと》など、間宮《まみや》林蔵《りんぞう》▲の北方地域の探検は、南下するロシアの圧力に直面した幕府がくだした命令に従ったものであった。こうした情勢を反映して、蝦夷地《えぞち》や樺太には強い関心が生まれ、そこに住むアイヌ民族▲は現在よりもはるかに身近な存在として考えられていた。幕府官僚であった最上徳内《もがみとくない》▲や松浦武四郎《まつうらたけしろう》▲などによって蝦夷地探検が頻繁に試みられ、アイヌ民族に対する人類学的知見はいちだんと深まっていくことになった。

近代国家の立上げ後においては、辺境への日本人の関心は、単に国防意識に基づいただけではなく、より多様な目的をもつようになり、さまざまな視線が交錯することになった。北方だけではなく、南方にも視線が向けられるようになったのが大きな特徴である。明治維新《いしん》の直後、衝撃的事件が発生した。一八

▼間宮林蔵　一七七五〜一八四四年。蝦夷地御用掛《ごようがかり》となり、樺太・千島《ちしま》を測量・探検し、樺太が島であることを確認した。

▼アイヌ民族　樺太・千島・北海道に住んでいて、かつては狩猟漁労の民であった。明治政府以来の同化政策で生活様式の日本化が著しい。しかし、熊祭などの狩猟儀礼、独特の墓標を立てての葬法など、儀礼的世界は豊かであった。

▼最上徳内　一七五四?〜一八三六年。幕府の蝦夷地探検に加わり、アイヌについての記録を残した。

▼松浦武四郎　一八一八〜八八年。江戸幕府の蝦夷地御用掛として蝦夷地の探検をした。一八六九(明治二)年、開拓使判官《かいたくしはんがん》に任用されるが、政府と対立して辞任。蝦夷地を北海道と改名したのは松浦の発案による。

七一（明治四）年、大勢の沖縄漁民が南台湾に漂着し、そのうち五四人が地元のパイワン族によって殺害されるという猟奇的事件が起こったのである。日本と清《しん》国とのあいだに外交上の懸案を突きつけ、明治政府による台湾出兵《たいわんしゅっぺい》▲という歴史的な重大事を発生させてしまったこの事件は、政治的に重要な意味をもっていたが、その凄惨な事件が報道されるや、日本の世論は沸騰し、その波及効果として海外の諸民族についての人類学的知識が各種宣伝媒体を通じて広まることになったのである。文明開化《ぶんめいかいか》の道をあゆむ日本人にとって、南洋に住む人びとは「野蛮人」であるという眼差しがいっせいに向けられたのも、この事件を契機として広がった翳《かげ》りの部分があまりにも大きかったからである。

一八八三（明治十六）年、ミクロネシアのマーシャル諸島で日本の難破船漂流民が地元民によって殺害されるという事件が起こった。このとき、一人の日本人が政府の命令に応じ、殺害された日本人漂流民の情報をえる目的でミクロネシアまで航海している。帰国後、その日本人、鈴木経勲《すずきつねのり》▲は見聞した現地の風俗習慣を『南洋探検実記』という書物のなかに残している。その著作は現地住民に対するびっくりするような偏見で書かれているが、マーシャル諸島の人びとの

▼**台湾出兵**　一八七一（明治四）年の沖縄漁民殺害事件がもとで、七四（同七）年に日本が台湾に派兵した。清国が賠償金を支払うことで日本軍は撤退した。

▼**鈴木経勲**　一八五三〜一九三八年。明治期の太平洋探検家。著書の『南洋探検実記』で、現地で見聞した風俗習慣を報告している。その内容には当時の南洋に対する差別観が反映されているが、長期の滞在で島人と仲よくなっていく過程も書かれていて、興味深い。

▼**南進論**　大陸への雄飛を説く北進論とは反対に南洋方面に関与していこうとする考え方。ただし、南洋といっても台湾・華南《かなん》・東南アジアへ向かう「外南洋」の道と、小笠原《おがさわら》諸島から太平洋諸島に向かう「内南洋」の道があった。

▼**志賀重昂**　一八六三〜一九二七年。地理学者。三宅雪嶺《みやけせつれい》らと雑誌『日本人《にほんじん》』を創刊した。

生活習慣の観察記述には鋭いものがある。

南洋への関心は明治二十年代ごろに海外移民を推進する動きとともに、南進《なんしん》論《ろん》▲として活発化する。海軍の練習艦で南洋群島を巡行した志賀重昂《しがしげたか》▲は『南洋時《なんようじ》事《じ》』(丸善商社、一八八七年)を著わし、日本人の海外雄飛を奨励していた。菅沼《すがぬま》貞風《ていふう》▲『新日本の図南の夢』(一八八八年)に続き、田口卯吉《たぐちうきち》▲があらわれ、南進論が書き立てたはなやかな海外雄飛の夢は竹越与三郎《たけこしよさぶろう》▲にいたって頂点に達する。竹越は東南アジアを旅行して見聞録、『南国記《なんごくき》』(二酉社、一九一〇年)を出版し、「南へ！　南へ！」という標語のもとで、今後の日本が関与する地域として南洋を浪漫的に謳い上げている。このように、明治期以降、日本人の南洋方面に対する眼差しには熱いものがあった。

一方、南洋に向ける関心とは対照的に、朝鮮から中国大陸へ関心をよせる議論も根強かった。この議論は初期の段階では、樽井藤吉《たるいふじきち》▲の『大東合邦論《だいとうごうほうろん》』(一八九三年)が韓国と対等な合邦を説いたように、穏和な思想であったが、のちになって大陸への雄飛を説く北進論《ほくしんろん》として勢力を拡大し、思想としてはアジア主義▲として語られ、時の国家権力と陰に陽にかかわりあいながら、しだいにアジ

▼**菅沼貞風**　一八六五〜八九年。長崎生まれの経済史家。

▼**田口卯吉**　一八五五〜一九〇五年。経済学者。自由主義経済を主張し、『日本開化小史《にほんかいかしょうし》』を著わした。

▼**竹越与三郎**　一八六五〜一九五〇年。政治家・評論家。『時事新報《じじしんぽう》』の記者をへて、衆議院議員、貴族院《きぞくいん》議員、枢密顧問官《すうみつこもんかん》を歴任。在野の歴史家でもあって、『南国記』『日本経済史』を著わした。

▼**樽井藤吉**　一八五〇〜一九二二年。社会運動家。東洋社会党を結成し、平等な社会をめざした社会運動の経歴をもつ。著書は『大東合邦論』。

▼**アジア主義**　戦前の日本を主導してきた理念。西洋列強の抑圧からアジアを解放しようと主張する政治理念でありながら、日本の大陸進出とともに、侵略を正当化する理念ともなった。

ア侵略を正当化するイデオロギーへと変貌していった。明治期以降の日本人の海外への視線は、国家の政策と絡んで展開してきたが、それぞれの地域に向けられた視点は、このようにいささか違っていた。ただし、政治家であれ、文芸作家であれ、そのときに語る内容は政治思想にかかわる言説であって、異文化認識を目標にしたものではなかった。北進論であれ、南進論であれ、政治的言説はさまざまに登場しても、異民族の生活文化を知ろうとする人類学的営為からは程遠かった。

だが、明治期に異文化を知ろうとする動きがなかったわけではない。それにはおもに二つの立場がみうけられる。その一つは好事家の集まりから発信された立場である。土器《どき》や石器《せっき》をながめ、あるいは太古《たいこ》の神話伝説に耳を傾け、都《と》鄙《ひ》の習俗の違いに目を奪われ、まったく実学《じつがく》からかけ離れた世界に知的享楽を感じる人たちの集まりである。むろん、この種の人たちは江戸時代からいた。だが、明治以降は大学が発信基地になり、学問的営為として行う正統性を獲得したのである。第二は、一八九五(明治二十八)年に台湾を植民地《しょくみんち》にしたことで現地住民との接触が不可避になったことから始まっている。その土地の文化や社会制度、すなわち風俗習慣、家族や社会構造を知ることは、統治のために不可欠である。かくして行政による実地調査が企てられることになる。しかしながら、ひとたび知的欲求が満たされれば、さらに知見を深めるために体系的な知識が求められ、学問的営みとして発展していく。明治期に登場した日本の人類学、あるいは鳥居《とりい》龍蔵《りゅうぞう》を先駆とする人類学的調査の主要舞台は、植民地と切っても切れない関係におかれていた。植民地で展開したこの学問の動向は改めて組上に載せる必要がある。

東京人類学会の誕生

日本の人類学、現代の学問分野でいえば自然人類学の基礎を建てた坪井《つぼい》正《しょう》五郎《ごろう》▲は博学多才で、幅広い趣味人であった。坪井は専門の人類学概説書を多数、出版しているが、『重ね撮り写真の術を利用したる観相法』(東洋学芸社、一八九四年)で人相から人の性格を見抜く術を披瀝したり、『婦人と小児』(隆文館、一九〇七年)と題する著作で世界の婦人の風俗を紹介したり、多彩に文筆活動をしていた。坪井には『工商技芸　看板考』(哲学書院、一八八七年)という著書もある。

▼**坪井正五郎**　一八六三〜一九一三年。日本の人類学の草分け的存在。一八八一(明治十四)年、東京帝国大学理科大学(現、東大理学部)に入学し、人類学を志す。一八八四(明治十七)年、人類学会を組織し、『人類学会報告』を創刊(一八八六〈明治十九〉年)。一八八九〜九二(明治二十二〜二十五)年にかけてイギリス留学。帰国後、東京帝国大学の理学部教授になって、人類学の発展に寄与した。著書に『人類学叢話』『坪井正五郎集』。

そのなかで、焼芋屋・牛肉屋・酒屋・足袋《たび》屋など五一の職種の看板を紹介し、それぞれに深意妙味のあることを語っている。

こうした趣味人の坪井は、幼少のころから古物に興味をもちながら育った。その坪井がまだ少年だったころ、日本中を驚かすような発見がなされた。よく知られているように、アメリカ人のモース▲が東京の品川《しながわ》区大井《おおい》で貝塚《かいづか》(大森《おおもり》貝塚)を発見したのは、一八七七(明治十)年であった。この出来事は日本の人類学史にとって大切な意義をもっていた。これが機縁になり、あらたな貝塚の発見、石器や土器の発掘が流行し始めたからであり、同時に古い風俗習慣を探索したり、あるいは日本人とアイヌ民族との関係に興味をもつ好事家もでてきた。こうした風潮を身に受け、よるとさわると「古跡探求」の話にうつつをぬかす同好の学徒があらわれてくる。当時、東京帝国大学理科大学(現、東京大学理学部)で生物学を専攻していた学生の坪井正五郎は、その一人であった。日々、佐藤勇《さとうゆう》太郎《たろう》・福家梅太郎《ふけうめたろう》・白井光太郎《しらいこうたろう》らの仲間と「古物ノ事カ、日本人種ノ事カ、都鄙風俗ノ異同ノ事」を語りあううちに、坪井正五郎は一八八四(明治十七)年、一四人の仲間とともに「人類学会《じんるいがっかい》」(のちに、「東京人類学会▲」と改称)を成立させ、機

▼**モース**　一八三八〜一九二五年。アメリカの動物学者。ダーウィンの進化論を日本に紹介。一八七七(明治十)年に二枚貝ににた腕足類の採集で来日。その年、大森貝塚を発見し、日本の人類学・考古学・歴史学に衝撃をあたえた。モースは日本の民具など、民族(民俗)学的資料の収集でも有名。著書に『日本、その日その日』全三巻。

▼**東京人類学会**　一八八四(明治十七)年、坪井正五郎らが始めた「人類学会」は『人類学会報告』を発刊したのち、学会名称とともに機関誌名称もなんども変更している。その変更の歴史はつぎのとおりである。( )内は学会名称。

一八八六年『人類学会報告』(人類学会)、一八八六〜八七年『東京人類学会報告』(東京人類学会)、一八八七〜一九一一年『人類学会雑誌』(東京人類学会)、一九九一〜九二『人類学雑誌』(東京人類学

関誌として『人類学会報告』(のちに、『東京人類学会報告』と改称)を刊行した。直接的には昭和期の「日本民族学会」(現在は「日本文化人類学会」と改称)とは関係が薄いが、強いていえばその遠い先祖であるといえないことはない。

　このときの学会仲間が関心をもっていた事柄はかぎりなく広かった。解剖・生理・遺伝など今日の自然人類学▲が扱う分野、土器・石器・墳墓など考古学の分野、言語・家族・宗教・工芸・生業・風俗習慣など文化(社会)人類学の分野にまでまたがっていた。しかも、日本の古物・古跡研究にとどまらず、話題は世界中の文明にまでおよんでいた。坪井はいたって好奇心の旺盛な学徒であって、「人類ニ関スル自然ノ理ヲ明ニスル」欲求をもっていた。「人類学会」と名づけたのは、この理由による。この時期の人類学の守備範囲は広く、人類学とはこうした諸原理の総体として考えられていた。

　坪井正五郎は幼い時分から骨董に興味をいだいていただけあって、学徒として成長したのちも、失われつつある習俗を記録にとどめておくという信条は変わらなかった。「我国婚礼ニ関スル諸風習ノ研究」(『人類学会報告』二号、一八八六年)という坪井の学会報告を読むと、坪井の持論がはっきりしてくる。卑陋《ひろう》い

会)、一九九三〜九七年「Anthropological Science」(日本人類学会)、一九九七〜現在「Anthropological Science」(英文誌)および「Anthropological Science (Japanese Series)」(和文誌。日本人類学会)。

▼自然人類学　人類を研究する学問は大きく分けて自然人類学と文化人類学とがある。自然人類学は形質人類学とも呼ばれ、人類の生物学的側面に注目して研究する分野で、進化や変異が主題になる。現在でこそ、ＤＮＡ鑑定が定着したが、明治期は計測器で頭の形などを測定し、統計的に系統関係を導きだすという方法がとられていた。

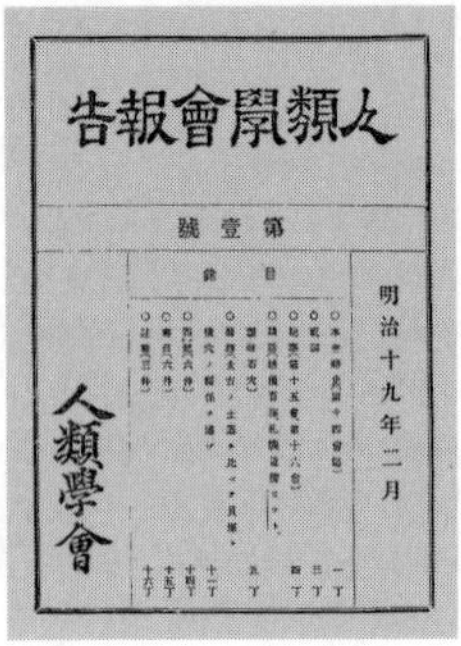

●──『人類学会報告』創刊号の表紙

むべき風習はすてるべきだが、その前に記録にとどめておくというのが、坪井の方針であった。現在を記録し過去を復元するということは、坪井にとっては、いわば「生きた化石」を発掘することに等しかった。

記録化することに意義をみいだしていた坪井は、ヨーロッパの学界の動向に敏感で、海外の研究動向の啓蒙的紹介にも熱心であった。坪井は一八八九(明治二十二)年から三年間、ヨーロッパ留学を果たしている。そのときにえられた海外での知見は、坪井を大きく成長させた。坪井は人類学の概説書を多く発表していて、そうした書物でつねに「人類学(アンスロポロジー)とは何か」と学問の研究対象と目的を読者に語りかけている。狭い了見にとらわれず「広く人類を見よ」と説くとき、その主張の根拠にはヨーロッパ仕込みの学説が裏打ちされていた。西欧の知識に学びながら、「人種」分類を説き、人類「開化」の変遷を論じることは坪井の得意にする分野であった。まさに、「人類ニ関スル自然ノ理」の探求をそこにみていたのである。

坪井は多くの時間を啓蒙的著作の執筆に費やす一方で、専門的議論でも激しい論争をたたかわせている。坪井は当初から古物の来歴に興味を惹かれていた

▼**コロボックル論争**　北海道アイヌ民族の伝説には、竪穴住居に住み、石器を使い、アイヌと友好的な小人がでてくる。坪井正五郎はこのコロボックルが日本の石器時代に住んでいたと考えた。白井光太郎らは、石器時代はアイヌ民族がつくったとして反対した。

●——**坪井正五郎想像のコロボックル**（坪井正五郎『日本旧土人コロボックル石斧ヲ研キ獣肉ヲ煮ル図ノ解説』より）

ことからわかるように、日本人の起源に関心をいだいていた。明治期の人類学界でもっとも白熱した議論を呼び起こしたコロボックル論争▲をしかけたことに坪井の関心の深さは読みとれる。北海道のアイヌ民族の間にはコロボックル伝説という語りが伝わっている。それは、かつてコロボックルという小人が竪穴《たてあな》に住み、土器や石器を使用して暮していたという伝説である。

坪井はこのコロボックルをアイヌ民族にさきだって暮していた北海道の先住民と考えたのに対して、人類学会創設からの同好の士であった白井光太郎はアイヌ民族の祖先だったという主張を唱えて、鋭く対立する。現代風にいえば、「古代のロマン」を求めての論争ということになろうか。この論争は坪井には不利に展開したが、明治期の人類学史を回顧するとき、多くの研究者を巻き込んだこの論争は重い意義をもっていた。寺田和夫に従えば、「日本の学会が古代の遺物と民族学的資料を比較すべきことを痛感し、かつ遺跡を通じて古代の風俗習慣を考察することの意義を知った」（寺田和夫『日本の人類学』角川文庫、一九八一年）からである。江戸時代にみられた文献詮索の議論から離れ、明治の時代には実証的検証が必要であることを覚った、最初の論争であった。

この論争に対する寺田和夫の評価は適切であると思う。それにしても、こうした話題の登場は多民族国家としての日本をいやがうえでも意識させたにちがいない。当然のことながら、自己の先祖をみつけ、出自を策定することが、日本という国家の立上げの正統性にかかわる事柄と考えたくなるものである。しかしながら、この論争には政治的匂《にお》いが不思議と漂ってこない。円熟期の坪井は盛んに啓蒙活動をして、世界的規模からの人類史の流れを説いていた。それは高説ではあっても、近代日本の認同（アイデンティティ）にかかわる論争にまで発展することがなかった。坪井と人類学会を立ち上げた白井光太郎は、自分たちで日本の研究をしなければ外国人に先取りされてしまうと焦眉の気持ちにかられていたが、これとて人類学理論の日本への土着化を目的とした発言とはとてもいえない。結局のところ、西洋仕込みの学問知識の探求をめざし、啓蒙活動と学術論議に熱意を込めた坪井らの人類学は、好事家としての心意気を伸びやかに謳い上げたものにとどまっていた。

宗教者たちの旅路

明治期は未知なる世界を求めて旅する冒険家を多く輩出した時代でもあった。坪井正五郎のように帝国大学を後ろ盾にした学者だけが知の世界を独占し、調査活動に携わっていたのではない。明治という時代は、国家的支援もなく、また学術界とも無縁なまま、個人が自己の求める信念に従って海外雄飛を企てることが可能な時代でもあった。西欧においては、十九世紀の後半から二十世紀にかけてアジア・アフリカの奥地に未知なる世界を求めて挑戦した探検家が多く登場した。アフリカ探検のリビングストン、極地探検のアムンゼンやスコットの活躍は多くの日本人に夢をあたえてくれた。

スウェーデンの探検家、ヘディン▲が中国西域にあるタクラマカン砂漠を彷徨し、楼蘭《ろうらん》の都《みやこ》を発掘し、さまよえる湖、ロプ・ノールの謎に挑んだ探検は多くの若者を魅了した。ヘディンの中央アジアでの活躍に刺激され、世界各国の探検家の競いあう舞台として脚光をあびた西域は、砂漠とオアシスだけで語られる世界ではなく、豊かな文化遺産で照り輝く歴史的世界であった。ヘディンとほぼ時を同じくして、イギリスのスタイン▲もまた内陸アジアの探検を試み、仏

▼ヘディン　一八六五〜一九五二年。スウェーデンの地理学者。一八九三〜九七年に第一回の中央アジア探検、一八九九〜一九〇二年には第二回の探検を行い、楼蘭遺跡を発掘した。ロプ・ノール湖の周期的移動を確認するなど、偉大な業績をあげた。著書に『中央アジア探検記』。

▼スタイン　一八六二〜一九四三年。イギリスの考古学者。一九〇〇〜〇一年、一九〇六〜〇八年、一九一三〜一六年にわたって現在の中国・新疆ウイグル自治区で発掘調査をした。トルファンや敦煌《とんこう》での発掘は東西交渉史上、重要な発見をもたらした。

教遺跡の数々を発掘している。

はるかなる昔、三蔵法師《さんぞうほうし》が苦難の道をたどりインドの仏教経典を中国にもたらした西域の旅路は、今こうして探検家たちの努力でよみがえった。このよみがえりは日本人の魂をゆすぶり、西欧の探検家たちから伝えられた報告は日本の仏教者たちをも触発し、仏教文化が栄えた土地として西域への夢はかきたてられていった。日本人の心に郷愁を感じさせるほどに高まった関心はやがて、その地に眠る仏教の経典を求めての学術調査へと発展していく。

浄土《じょうど》真宗《しんしゅう》の西本願寺《にしほんがんじ》二十二代門主《もんしゅ》であった大谷光瑞《おおたにこうずい》▲が、一九〇二(明治三十五)年から一四(大正三)年にかけて三次にわたって中央アジアへ調査隊を派遣した動機も、こうした時代の熱気に突き動かされたからであった。その探検は、中央アジア、とくに中国・新疆《しんきょう》ウイグル自治区を中心に仏教東漸《とうぜん》の道をたどることが目的で、多くの遺跡を発掘し、仏典《ぶってん》や経籍《きょうせき》、絵画・彫刻などの仏教芸術を収集する成果をあげた。第一回は一九〇二年で大谷本人が隊長になり、総勢五人で隊を組織し、サマルカンド、コーカンド、カシュガル、ヤルカンドをへてパミール高原にいたり、カシミールからインドにぬけて帰国している。第二

▼**大谷光瑞**　一八七六～一九四八年。浄土真宗西本願寺二十二代門主。法名《ほうみょう》は鏡如《きょうにょ》。一九〇三(明治三十六)年に門主になる。文明評論家としての顔をもつ大谷には、『支那論』『満洲国の将来』『台湾島の現在』などの著作がある。

回は一九〇八（明治四十一）年から〇九（同四十二）年にかけて、第三回は一〇（同四十三）年から一四年にかけ、橘瑞超《たちばなずいちょう》▲を中心とした探検であった。

　宗教家としての大谷光瑞は、他方では啓蒙的な著作を多く出版し、外国での多年の生活を基いに文明批評家としての発言もしている。大谷の中国への評価はきわめて厳しい。当時の中国は、排日《はいにち》運動が起こるとともに、政治的に腐敗が進行し、軍閥《ぐんばつ》が横行する混乱期にあった。それを実感した大谷光瑞は、「中華は中禍」とまでこきおろしている。それに対して、あらたな誕生をみた満洲国《まんしゅうこく》には将来への明るい大義《たいぎ》をみいだそうとしていた。大方の読者は、現代の視点から、この大谷の言動と西域探検の業績とのあいだには大きな裂け目がある、と感じてしまうかも知れない。だからといって、西域探検で豊かな仏教美術の存在を明るみにした大谷の貢献が無に帰すなどとは、とうていありえないことである。

　大谷探検隊以外にも、辺境を踏破した僧侶がいたことを忘れてはいけない。一八九七（明治三十）年から一九〇三（同三十六）年にかけて、当時、鎖国をして外国人の入国を厳しく制限していたチベットに危険を顧みず潜入し、多くの仏教

▼**橘瑞超**　一八九一～一九六八年。真宗の僧。一九〇八、一〇（明治四十一、四十三）年の大谷探検隊に参加し、楼蘭や敦煌の遺跡を発掘した。

経典を収集した河口慧海《かわぐちえかい》▲である。ヒマラヤを越えチベットにいたる道筋は険しく、河口は道中、何度も生命の危機に遭遇している。チベット語をたくみにあやつり、日本人とは見破られずにラサに潜行した河口慧海は、チベット仏教の秘伝を体得し、経典の収集に奔走する。

　チベット仏教への真摯な帰依とは裏腹に、河口慧海のチベット人への評価は厳しい。チベット人の衛生観念のなさに閉口し、辛らつに「糞を喰う餓鬼」とまで言い切って、心底からチベット人を軽蔑しきっていたほどである。にもかかわらず、河口の観察眼は鋭く、一妻多夫の婚姻制度や日常的な宗教生活など、チベット人の風俗習慣の記述は興味深い。生死をかけたチベット旅行だけに、河口が書いた『チベット旅行記』は迫力がある。その最終章、すなわちチベットからの脱出場面はまるでスパイ小説を読むかのように息つく閑も残さない。なんといっても河口の貢献は、チベット語の経典を日本にもたらすという画期的な業績をあげたことである。

　日本の仏教学にはかりしれない貢献をしたこの二人の僧侶、大谷光瑞と河口慧海は国家や大学からの支援を受けて旅立ち、学術的貢献をしたのではない。

▼**河口慧海**　一八六六～一九四五年。大阪堺《さかい》に生まれる。幼名は河口定治郎《さだじろう》。一八九〇(明治二十三)年に出家し、慧海仁広《じんこう》を名乗る。チベットに密入国し、ラサで仏寺に入門。貴重な仏教経典を日本に持ち帰った。そのあとでインド・ネパールを再訪している。著書に『チベット旅行記』全五巻。

その動機はあくまでも自己の宗教的な情熱からであった。明治期の日本には志しの雄大な人物が多く輩出し、それぞれの目的に向かって多彩な調査活動を海外で繰り広げるという熱気が立ちこめていた。

②植民地統治と研究調査

異民族を展示する博覧会

西欧近代社会が科学技術と産業の発展を誇示する目的で開催した万国博覧会《ばんこくはくらんかい》が、植民地《しょくみんち》統治の成果を展示する機会でもあったということは、今日ではよく知られている。明治時代以降の日本も、西欧を手本にして何度も博覧会を開催し、各地の特産品を展示しながら産業の発達を満天下に宣伝することが行われてきた。日本が植民地を獲得する段階になると、博覧会では植民地を展示する試みも行われるようになった。

一九〇三(明治三十六)年、「第五回内国勧業《ないこくかんぎょう》博覧会」▲が大阪の天王寺《てんのうじ》で開催されたとき、北海道アイヌや沖縄県民とともに、台湾先住民が会場入り口近くの「人類館《じんるいかん》」に集められ、好奇の眼差しを受けながら、いわば「展示」されるという出来事が起こった。このような見世物《みせもの》は、一九一二(大正元)年に東京の上野《うえの》公園で開催された「拓殖《たくしょく》博覧会」▲、その翌年に大阪で開かれた「明治記念拓殖博覧会」でも出現した。

▼**第五回内国勧業博覧会**　一九〇三(明治三十六)年に大阪で開催されたこの博覧会は、全館にイルミネーションが点灯され、ウォーターシュートやメリーゴーランドなどの娯楽施設が設けられた。堺《さかい》市には水族館がつくられ人気を呼んだ。

▼**拓殖博覧会**　海外に新領土を広げた日本帝国が植民地の現状を国民に伝えるため開いた博覧会。

●**拓殖博覧会のポスター**　このポスターには、朝鮮を象徴する「長生標」と台湾タイヤル族を表象する入墨の女性が描かれている。

大正初期に行われた拓殖博覧会は、植民地の産業や風物、あるいは住民などを紹介するための展示会であり、北海道・樺太《からふと》・台湾・朝鮮・満洲《まんしゅう》からの出展が陳列室にかざられた。このときにも、植民地の住民が招かれ、会場内にそれぞれの家屋が建てられ、そこで寝泊りをして生活状況を大衆の視線にさらすことが行われた。東京で開かれた拓殖博覧会で招かれた人たちは、北海道・樺太からウィルタ族▲・ニヴヒ族▲・樺太アイヌ族、それに北海道アイヌ族、台湾からは福佬《ふくろう》▲人とタイヤル族との男女老幼総数一八人であった。この企画を積極的に推進したのは坪井《つぼい》正五郎《しょうごろう》であって、坪井は多民族国家としての日本を強調し、多様な民族の存在を一般大衆に啓蒙することが自己の責務である、と自認していた。坪井は、こう語っている。

　此頃からして何かの折りに帝国版図《はんと》内の諸人種を一ヶ所に集める事が出来たら宜かろうと思って居ったのでありますが、今回開かれた拓殖博覧会は斯《か》かる催しに対し絶好の機会を与えたもので有ります。博覧会幹部の人からして帝国版図内諸人種召集の相談が有った時、私は賛成の意を表したのみならず、話しの進むに従って喜んで此《この》事に関する設計を引き受けた次第

▼ウィルタ族　樺太に住むツングース系の民族。当時はオロッコと呼ばれていた。自称はウィルタである。

▼ニヴヒ族　アムール川下流から樺太にかけて住む。かつてはギリヤークと呼ばれていたが、自称はニヴヒである。

▼福佬　台湾の現在の住民の大半は対岸の福建《ふっけん》省からの移民である。福佬とは、この人たちを称して一般に使う言葉である。

です。(坪井正五郎「明治年代と日本版図内の人種」『人類学雑誌』二九巻一号、三ページ)

人類学を一般に啓蒙しようとしていた坪井にとって拓殖博覧会は絶好の機会であった。書物のなかで説いてきたことが、今や現実のものとして目前で大衆に説明することができる。人間の展示というおぞましさを自覚することなく、講壇の高見から教養をたれる坪井には、この催しは満足のいく企画であった。不幸にも、坪井はこの博覧会の直後にロシアで客死する。坪井の後継者として、人類学教室の運営責任をとったのは松村瞭《まつむらあきら》▲という自然人類学者であった。

松村瞭もまた博覧会での人間の展示に関心をもっていた。ただし彼は、坪井よりも醒めた感性の持ち主であったようである。一九一四(大正三)年に、大正天皇の即位を記念して大正博覧会が東京で開催されたとき、やはり生身の人間の展示が企画されたが、松村はいたって冷静で見世物展示には関心を示さず、このときに来日したマレー半島のセノイ族▲の身体計測に熱心に取り組み、その資料を論文にして発表している。海外に赴いての調査活動が高嶺の花であった時代、この自然人類学者は背に腹は変えられないと思ったのであろうか、見世

▼**松村瞭**　一八八〇〜一九三六年。自然人類学者。東京帝国大学人類学教室の中心的存在であった。

▼**セノイ族**　マレー半島に住み、言語的にはモン・クメール語に近い。かつてサカイと呼ばれていた。

物小屋での調査であっても満足しなければならなかったのである。

慣習法調査の着手——台湾総督府の業績

日清《にっしん》戦争の結果、日本が台湾を領有したことで人類学研究は決定的な時代を迎え、直接現地にでかけ、調査することに道が開かれた。とはいえ、マラリアなどの伝染病の瘴癘地《しょうれいち》であり、抜歯《ばっし》▲などの習俗をもち、首刈り▲をする人たちの跋扈《ばっこ》する土地ということで、台湾は日本人に恐ろしい印象をあたえていた。

台湾総督府《そうとくふ》▲が最初に取り組むべき課題は台湾住民についての正確な情報をえるということであった。植民地統治を効率的に行うためには行政組織を整備しなければならず、そのためには人口構成や風俗習慣などの生活状況全般を詳しく知ることが不可欠である。こうして、各種の調査が実施されることになった。統治の基礎資料として役立たせるため、地誌学的観点から東京帝国大学理科大学の小川琢治《おがわたくじ》▲が台湾についての概論書、『台湾諸島誌』を編纂したのは、一八九六(明治二十九)年二月、すなわち日本政府が台湾を植民地として領有して一年もたたないころであった。けれども、もっとも必要とされたのは、なによりも

▼**抜歯**　通過儀礼の一環として抜歯を行う文化は多い。台湾のブヌン族・サオ族は成年に達したころ、苦痛と試練にたえることを目的として行っていた。この習俗は日本統治のもとで禁止された。

▼**首刈り**　儀礼的に人間の首をとる習俗のこと。その目的の一つに、他人の頭にやどる生命力を自己のものにするという考えがある。これは農作物の豊穣を期待する考えにも通じる。台湾では青年期に達した若者が勇敢さを誇示するため、あるいは疑いをかけられた者が白黒の決着をつけるためなどの目的で行われていた。この習俗は日本の統治によって廃止された。

▼**台湾総督府**　一八九五(明治二十八)年、台湾統治のためにおかれた官庁。初代総督は樺山資紀《かばやますけのり》。

▼**小川琢治**　一八七〇〜一九四一年。地理学者で地質学者。著書に『日本群島地質構造論』。

●——台湾総督府(戦前絵葉書)

実地調査に基づいた知識であった。

人類学的内容の調査なら、専門の人類学者もするし、植民地行政官も行う。ゆきずりの出来事を記録にとどめることなら一般の旅行者も行うし、あるいは随筆家や小説家もまた人類学的興味をもって風俗習慣を文章に表現することができる。台湾では、初期のころから、こうしてさまざまな人びとがそれぞれの人類学的調査にかかわってきた。このうちでも、統治業務を遂行するため、最初に調査活動に取り組んだのは、もちろん植民地行政官であった。

民心を掌握するために、たとえば土地制度や家族制度、商取引、あるいは訴訟にかかわる民事慣習など慣習法についての詳細な知識を必要としていた植民地当局は、総督府のなかに調査機関を設置し、実情を把握するための体制を整えていった。台湾では、人口の大半は福佬系住民であるが、それ以外にも、おもに山岳地帯を中心に言語学的にはオーストロネシア(南島)語族▲に属す人たちがはるか昔から暮している。日本統治時代は「高砂族《たかさごぞく》」、あるいは「蕃人《ばんじん》」と命名され、現在では「原住民《げんじゅうみん》▲」と自称している人たちである。タイヤル族・サイシヤット族・タロコ族・アミ族・クバラン族・ブヌン族・ツォウ族・サオ族・ル

▼オーストロネシア語族　マラヨ＝ポリネシア語族とも、南島語族とも呼ばれることがある。台湾先住民の言語もこの分類にはいるほか、フィリピンやインドネシア、ミクロネシア、メラネシア、ポリネシアの言語もはいる。

カイ族・パイワン族・プユマ族・ヤミ族、と現在では言語を異にする一二の民族から構成されているが、当時はその実情がほとんど知られていなかった。植民地統治のためには、その実情を知ることから始めなければならない。こうして、総督府民政長官の後藤新平《ごとうしんぺい》▲は伊能嘉矩《いのうかのり》▲と粟野伝之丞《あわのでんのじょう》に台湾山地の調査を依頼した。その報告書は『台湾蕃人事情』として一九〇〇(明治三十三)年に刊行されている。その調査の目的は「蕃人教育施設」を準備するための視察旅行であったが、首刈りの危機にあいながらの一九〇日間にわたる調査は、それまで知られていなかった生活慣行の概要を明るみにした。その最大の貢献は、一括りに「蕃人」といえども風俗習慣には地域差があり、「開化《かいか》」の程度にも差異があるということであった。

当時、伊能嘉矩も含め多くの人たちが台湾山地での調査に関心を示していたので、「蕃情《ばんじょう》研究会」という組織を立ち上げることができた。この組織が活動した時期は一八九八(明治三十一)年から一九〇〇(同三十三)年までの短期間ではあったが、ここに集まった面々は行政の先鋒としての役割を十分に自覚し、それに答えるべき数々の論文を発表していた。あとで詳しく述べるが、人類学者の

▼**「台湾原住民」**(先住民)　戦前は日本人によって「高砂族」と呼ばれ、戦後は「高山族《こうざんぞく》」と呼ばれていた人たちは、一九八〇年代になって先住民運動が高まりをみせるなか、「原住民」と自己規定した。「原住民」という呼称は台湾の中華民国憲法にも公式に採用されている。

▼**後藤新平**　一八五七〜一九二九年。官僚出身の政治家。台湾で児玉源太郎総督のもとで民政部長官を務め、台湾統治に貢献した。その後、南満洲鉄道《みなみまんしゅうてつどう》会社の初代総裁になる。桂《かつら》太郎内閣では逓信《ていしん》大臣、寺内正毅《てらうちまさたけ》内閣では内相《ないしょう》や外相を務めた。

▼**伊能嘉矩**　一八六七〜一九二五年。台湾の領有後まもなく台湾に渡り、総督府の嘱託として民族学の調査を行うとともに、台湾の歴史を集大成した。著書に『台湾文化志』(全三巻)。

●—調査旅行中の伊能嘉矩
一九〇四(明治三十七)年、台湾北部のサイシャット族の村を巡視中の伊能(無帽で屈んでいる)。

鳥《とり》居《い》龍蔵《りゅうぞう》が調査に赴いたのは、このような時代であった。

台湾の政情がやや落ち着いてきたころ、台湾総督府内に本格的な調査機関が設置された。植民地行政官による調査事業が発足したのは一九〇〇年のことであった。この年、台湾総督の児《こ》玉《だま》源《げん》太《た》郎《ろう》▲を会頭、民政部長官の後藤新平を副会頭にすえた「台湾慣習研究会」が民政部法務課構内に発足した。福佬人の慣習的世界を研究対象にすえ、実地調査の結果えられた資料を機関誌『台湾慣習記事』に発表し、植民地行政に役立たせようとの意図からである。一九〇七(明治四十)年に解散するまで通算して七巻八〇号を刊行したのであるから、この雑誌は台湾情報の発信基地としての役割を果たしていたことになる。このような下準備を踏まえたうえで、後藤新平のもとで本格的な慣習調査のための組織が確立されていく。後藤新平の台湾統治論の核心には、風俗習慣や従来の産業を急激に改良することは不可能という見解があって、そこから徐々に変革するために慣習調査の研究が必要であるという結論が導かれた。

この見解に基づいて、一九〇〇年の準備段階を踏まえて、一九〇一(明治三十四)年には「臨時台湾旧慣調査会」が成立する。この組織はいくつかの分野に分かれ、福佬系住民の慣習法の調査研究に着手することになった。第一部は法制に関する旧慣を扱い、第二部は農工商経済に関する旧慣を分担していて、土地所有を中心とし、家族法や商法におよぶ慣習法がその研究対象にすえられた。

この調査会の責任者は京都帝国大学教授で、ドイツ留学の経験をもつ法学者の岡松参太郎《おかまつさんたろう》▲であった。この調査会は精力的に活動し、膨大な報告書を作成している。一九〇三(明治三十六)年には第一回報告書(上下二巻、附録参考書一巻)、ついで〇五～〇六(同三十八～三十九)年には第二回報告書(上下二巻三冊、附録参考書二冊)を発表し、そして〇九～一〇(同四十二～四十三)年にかけて、第三回報告書として『台湾私法』全六巻と『台湾私法附録参考書』全七巻を出版している。

この調査会の研究目的は、中国法制度を視野において台湾の古来からの法制度を純学術的に研究することにあったが、当然のこととして台湾の植民地統治に貢献することをめざしていた。これが、植民地行政の政策づくりに大学教授が直接的、かつ意識的に関与した嚆矢であった。岡松ははっきりと述べている。


台湾旧慣の実際を査明し、行政及司法上、目前の需要に応じ、施設の資料を供するを目的とすると雖も、一は以て支《し》那《な》法制の根本的研究を遂げ、学

▼**児玉源太郎**　一八五二～一九〇六年。日露《にちろ》戦争に総参謀長として参加。その後、第四代台湾総督として活躍。植民統治初期の抗日《こうにち》運動を平定し、台湾統治に目処をつけた。

▼**岡松参太郎**　一八七一～一九二一年。東京帝国大学法科大学卒業。ドイツ留学後、京都帝国大学教授になる。後藤新平の政策ブレーンとして活躍し、臨時台湾土地調査局の嘱託として慣習法の調査をした。その後、満鉄《まんてつ》の理事として満洲での慣習法の調査につとめた。

理的編述を了し、以て他日台湾立法の基礎を作るを目的とす。（臨時台湾旧慣調査会〈岡松参太郎編〉『台湾私法』第一巻上、一ページ）

この大著の出版後も、臨時台湾旧慣調査会の事業は継続して行われ、「清国行政制度」の調査が行われた。一九一〇年から一五（大正四）年にかけて、その成果は『清国行政法』（全六巻七冊、索引一冊）として刊行されている。

台湾統治にあたって、日本の植民地官吏を悩ませ続けていた大きな問題とは、交通不便な山岳地帯に住み、首刈りの習俗で恐れられていた先住民の存在であった。明治期には「蕃務本署」が設けられ、簡単な調査が行われてはいたが、十分な体制はくまれていなかった。そこで、福佬系住民の慣習法調査が一段落したころ、一九〇九年にいたって、臨時台湾旧慣調査会はその調査に着手する。この調査には多くの調査員が動員され、台湾のほとんどの先住民を対象にすえ、本格的な「民族誌」作成が試みられた。調査者の河野喜六《こうのきろく》が、

本島面積の過半に占布せる番族《ばんぞく》は、之《これ》を科学的に解剖研究する甚た徒爾ならすと雖も、彼等をして聖代治下の良民たらしむるを一層緊急至要事とす、（臨時台湾旧慣調査会〈河野喜六編〉『番族慣習調査報告書』第二巻、一ページ）

と述べているように、その目的は統治行政の基礎的資料をえるためであった。

いくたの困難に遭遇しながらも、その成果は日の目をみることができた。一九一三(大正二)年から二一(同十)年にかけて、『蕃族調査報告書』が全八冊として刊行され、一五(同四)年から二二(同十一)年にかけては、『番族慣習調査報告書』が全五巻八冊として出版された。それらに記載された民族はタイヤル族・サデック族▲(現在のタロコ族はその一部)・アミ族・サイシャット族・ツォウ族・パイワン族・プユマ族など多肢にわたっていた。いずれも生活習俗が克明に記録されているのを特徴とするが、『番族慣習調査報告書』では親族関係や身分秩序、統治制度などの社会組織に重点がおかれているのをみることができる。『蕃族調査報告書』では、神話伝承や物質文化の記載でみるべき事柄が多い。

『番族慣習調査報告書』はそれぞれの社会構成を克明に報告していることに特徴があり、たとえばアミ族は母系制、パイワン族は首長制《しゅちょうせい》社会であることを組織的に記述している。タイヤル族では慣習法についての記述が詳細で、土地所有は村落の総有制に帰し、人びとは村落を統治する自立的能力をもっているという内容が謳われている。この見解は明らかに総督府の方針とはあいいれな

▼**サデック族**　サデックとは「人間」をあらわす言葉。タイヤル族には方言差があり、人間をあらわす言葉に「スコレク」「ツオレ」「サデック」などがある。このうちのサデック系は民族自称詞としてタイヤルという言葉をもたず、そのため一部はタイヤル族からの分離独立を進め、現在ではタロコ族を名乗っている。

い。総督府にとっては、タイヤル族は自己を統治する能力がなく、それゆえ日本の支配を受けなければならないと考えていたからである。そうすると、総督府の刊行物でありながら、総督府の統治方針とはかかわらず、客観的立場を貫いて調査員たちは資料の収集と分析を行っていたことになる。当時の総督府は研究内容には干渉せず、自由な成果の発表を認めていたかのようである。

このときの調査は通訳をともなってなされたが、その方法は禁欲的なまでに客観的であった。臨時台湾旧慣調査会『番族慣習調査報告書』第二巻の「凡例」に、「通訳ハ必ス番人」を選び、「記載ノ事項ハ悉ク対査番人ノ解答ナルヘキヲ期シ、通訳及問者ノ臆断推定ヲ加ヘス」とあるように、誘導尋問を排除したうえ、几帳面なまでに事実本位の記述主義を貫いていた。この報告書の記述のもっとも大きな特徴は、民俗語彙を重視していたことである。現地語の難解な発音には苦労したようだが、カタカナ表記で現地住民の観念をできるだけ伝えようとした配慮は評価される。旧文体で書かれた文章の難解さはあるものの、きわめて第三者的な描写、というよりも現地住民側の生活をできるだけ再現しようとする「写実主義」とでもいうべき立場を貫いたことが、この一連の報告書の価値を高める結果になった。現在、台湾の中央研究院民族学研究所ではこの報告書の漢訳を進めている。それは、この報告書の価値を認めたからにほかならない。

朝鮮総督府と慣習法調査

朝鮮総督府▲においても慣習法の研究は重視されていた。一九一〇（明治四十三）年に韓国を併合した日本は、民情を把握して統治をしやすくするため、諸種の社会調査を実施している。朝鮮の民俗学的研究は、すでに一地方警察官であった今村鞆《いまむらともえ》▲により一九一四（大正三）年に『朝鮮風俗集』として刊行されている。朝鮮総督府も積極的に民事慣習などの慣習調査に乗りだす。早稲田大学教授であった小田内通敏《おだうちみちとし》▲は総督府の委嘱を受けて、『朝鮮部落調査予察報告　第一冊』（一九二三年）、『朝鮮部落調査報告　第一冊　火田民、来住支那人』（一九二四年）など多数の報告書を著わしている。総督府の官房文書課には調査係がおかれ、善生永助《ぜんしょうえいすけ》▲や村山智順《むらやまちじゅん》などが嘱託として実態調査に邁進していた。

善生永助は一九二四（大正十三）年から三五（昭和十）年にわたって実に多くの

▼**朝鮮総督府**　韓国併合ののち、一九一〇（明治四十三）年に日本がソウル（当時の呼称は京城《けいじょう》）においた官庁。初代総督は寺内正毅。

▼**今村鞆**　一八七〇〜一九四三年。植民地韓国での警察官吏。民俗学研究者としても知られている。著書に『朝鮮風俗集』。

▼**小田内通敏**　一八七五〜一九五四年。地理学者。郷土教育連盟を創立し、集落地理学に貢献した。

▼**善生永助**　一八八五〜?。早稲田大学専門部政治経済学科卒業。朝鮮総督府官房文書課嘱託として、小作慣行・家族組織・生活状態調査など実に多くの調査に従事し、多くの報告書を刊行した。著書は『朝鮮の聚落』など多数。

●朝鮮総督府　前方（写真右側）が朝鮮総督府。後方（写真左側）が朝鮮王宮、景福宮《キョンボックン》。この総督府の建物は一九九五（平成七）年に撤去、解体された。

報告書をだしている。おもに商慣行や産業調査を手がけ、小作《こさく》慣行や市場経済の報告をだすとともに、一九四三（昭和十八）年には大著『朝鮮の姓氏と同族部落』（刀江書院）を出版し、朝鮮社会を特色づける父系家族制の研究について光をあてた。村山智順▲は民間信仰の調査に没頭し、多くの著書を著わす。すなわち、『朝鮮の鬼神』（一九二九年）、『朝鮮の風水《ふうすい》』（一九三一年）、『朝鮮の巫覡《ふげき》』（一九三二年）、『朝鮮の占卜《せんぼく》と預言』（一九三三年）、『朝鮮の類似宗教』（一九三五年）、『部落祭』（一九三七年）、『釈奠《せきてん》、祈雨《きう》、安宅《あたか》』（一九三八年）である。

こうした一連の著作をみていくと、そこには通底した態度が潜んでいるのがわかる。それは台湾の旧慣調査会の調査でみたのと同じく、素朴なまでに事実を書き記そうとする態度であり、いわば「写実主義」の精神である。そして、台湾と同じく、朝鮮の旧慣調査では民間信仰の調査が大きな位置を占めていた。村山智順は『朝鮮の鬼神』の「緒言」の冒頭で、こういっている。すなわち、「朝鮮人の思想を了解するには民間信仰から出発するのが順当であり自然である」と。植民地統治を成功させるためには相手を知る必要があり、村山とてそのことぐらいは心得ていたはずである。しかしながら、行政目的を達成させるための情報収集であったにせよ、「朝鮮人の思想」を理解しようとする心がけがあったからこそ、後世に残る克明な記録を伝えることができたのである。

南洋庁の慣習法調査

一九一四(大正三)年、ドイツ領であった南洋群島(ミクロネシア)は、第一次世界大戦の始まりとともに日本海軍によって占領され、大戦後には国際連盟から信託統治を委任された日本によって統治されることになった。占領政策を実施するための基礎的資料の収集はこの地でも必要とされ、文部省は多くの人員を派遣し、生物・農作物・地質・住民など一般的な調査を行わせた。その成果は、文部省専門学務局編『南洋新占領地視察報告』(一九一六年)、同『追録』(一九一七年)として刊行された。

一九二二(大正十一)年、パラオ島に内務省管轄の南洋庁《なんようちょう》▲が設置された。ところが、南洋庁の旧慣調査についての取組みは、台湾でみせたのと比べて熱心ではなかった。南洋庁は刑事や民事の慣習法資料を収集し、『南洋群島々民旧慣調査報告書』(一九三九年)を出版し、また風俗習慣の調査意義を認識して『南洋群

▼**村山智順**　生没年不詳。一九二四(大正十三)年から四一(昭和十六)年まで朝鮮総督府官房文書課嘱託として調査に従事。前歴は警察関係者といわれているが、不詳。ただ、宗教学に造詣が深かったことは著作からわかる。

▼**南洋庁**　旧ドイツ領だったミクロネシアの統治のため、一九二二(大正十一)年に設置された官庁。本庁はパラオ島のコロールにおかれた。

●南洋庁の建物

▼**松岡静雄**　一八七八〜一九三六年。柳田國男《やなぎたくにお》の弟。海軍大佐で、民族学者・言語学者として活躍。著書に『ミクロネシア民族誌』。

▼**土方久功**　一九〇〇〜七七年。彫刻家・詩人。パラオ島・サタワル島に滞在し、民族学的資料を収集した。著書に『流木』。

島に於ける旧俗習慣』(一九三九年)を出版している。こうした調査でミクロネシアの概略は明らかになったとはいえ、南洋庁の旧慣調査は台湾や朝鮮とは比べようもないほど貧弱であった。ちなみに、海軍大佐であった松岡静雄《まつおかしずお》▲が出版した『ミクロネシア民族誌』は、宗教、氏族《しぞく》組織、通過儀礼、身体装飾、衣食住、工芸にまでおよぶ分厚い著書であるけれども、多くの資料を外国語文献に求め、かつ南洋庁の各支庁に依頼して集めた資料をもとに書き上げたものであった。松岡静雄は、軍務遂行のため一九一四年にポナペ島に上陸したとき、「絶海の孤島の異俗を観察することが出来るという興趣に動かされ」た、と語っている(『ミクロネシア民族誌』一九四三年、五ページ)。これが松岡の研究の出発点であった。だが、松岡はこの大著を出版したとき、有用な日本語文献の乏しさに慨嘆している。

もちろん、ミクロネシア研究はこれらがすべてではない。七年間もサタワル島で暮した土方久功《ひじかたひさかつ》▲には、慈愛に満ちた筆先で伝説や民話を書き綴った著書、『流木』(一九四三年)がある。専門の人類学者には、戦後の東大文化人類学教室を背負って立った杉浦健一《すぎうらけんいち》がいた。だが杉浦は中央の東京からの訪問者にすぎ

●―パラオ島コロールの街(戦前絵葉書)

なかった。台湾や朝鮮・満洲とは違って、ミクロネシアには大学が建てられず、現地に基盤をおいた機関のもとで情報を発信することは不可能であった。台湾や朝鮮で独自に人類学が発達したことと比べて、土方のようなアマチュアを除いたら、ミクロネシアは中央の人類学者の活躍する、まさに植民地であった。

③——人類学者と海外調査

鳥居龍蔵と海外調査の口明け

植民地《しょくみんち》での行政官やその仲間が調査事業を手がけていたころ、専門の人類学者もまた研究対象を求めて植民地で活動し始めていた。すでに東京人類学会は立ち上がり、日本の支配地域が拡大するなかで、研究対象もまた広がりをみせ始めていたころである。坪井正五郎《つぼいしょうごろう》の高弟であった鳥居龍蔵《とりいりゅうぞう》▲は、海外に研究対象をみつけ、率先してでかけていった明治の先駆者であった。次ページの一覧表からわかるように、実によく鳥居は海外を歩いている。

鳥居の最初の海外調査は遼東《りょうとう》半島であった。そのきっかけは、本来は予定していたアイヌの知人がいけず、その代替という幸運にめぐまれたものであった。この旅行は鳥居に生涯忘れることのない思い出を残した。石器《せっき》時代の存在を確認し、ドルメン▲を発見、アジア大陸が人類学研究にとって重要な位置を占めていることを認識した最初の機会であった。

若き鳥居龍蔵が台湾で本格的に調査を開始した時期は、日清《にっしん》戦争が終り台湾

▼**鳥居龍蔵**　一八七〇～一九五三年。日本における考古学・人類学の開拓者。徳島生まれで、小学校を中退し、独学で学習。上京して坪井正五郎に師事し、人類学を学んだ。東京帝国大学理科大学人類学教室標本整理係から出発し、一九二一（大正十）年に文学博士号を取得、助教授になった。しかし、すぐに退職し、上智《じょうち》大学、國學院《こくがくいん》大學などに移り、一九三九（昭和十四）年から中国の燕京《えんきょう》大学客座教授を務めた。野外調査に精勤した鳥居は、東アジアの民族誌的調査で抜きでた存在であった。徳島県鳴門《なると》市には鳥居の業績を顕彰した記念館、「徳島県立鳥居記念博物館」が一九六五（昭和四十）年に開館している。実地調査の収集品とともに、鳥居の日記・野外調査帖も展示されている（扉写真参照）。

▼**ドルメン**　一個の扁平な蓋板石を二、三の支石で支える形式の巨石構築物。

●── 鳥居龍蔵の海外調査歴

調査地	調　査　年
遼東半島	1895(明治28)年
台　湾	1896〜99(明治29〜32)年
西南中国	1902(明治35)年
満　洲	1902・06, 27・28・31〜33・35(明治35・39, 昭和 2・3・6 〜 8・10)年
朝　鮮	1911〜16, 32(明治44〜大正 5 , 昭和 7)年
蒙　古	1906・07, 30・33(明治39・40, 昭和 5・8)年
千島列島	1899(明治32)年
シベリア	1919・21, 28(大正 8・10, 昭和 3)年
樺　太	1911, 21(明治44, 大正10)年

●── 調査中の鳥居龍蔵(撮影：鳥居龍蔵, 1896年)　場所は東台湾のアミ族の村。

が日本の植民地になった直後である。台湾の統治のためには自然・地理・産業などの実情とともに住民の生活状態の知識が欠かせない。東京帝国大学は植民地当局の要請を受けて、動物学・植物学・地質学・人類学の専門家を台湾に派遣することになった。この調査に参加したのが、東京帝大の人類学教室で標本整理係をしていた人類学者、鳥居龍蔵であった。ここに、植民地を舞台として野外調査を行うという、日本の人類学が生まれることになった。

すでに折にふれてみておいたように、当時の台湾はなお首刈りの習俗を維持していたため、恐ろしい場所だという噂が広く蔓延していた。明治初期の沖縄漁民殺害事件から二十数年しかたっておらず、市井《しせい》の人びとの記憶には恐ろしい台湾という印象が残っていた。なんせ大正の初め、帝都では一風変わった喜劇『生蕃《せいばん》襲来』という出し物が上演されていたくらいである。この喜劇は、タイヤル族の住む「蕃界」にハイカラな初老の男が若き婦人をつれていったものの、首刈りの一団に襲われドタバタ劇を演じるという内容で、台湾の「野蛮さ」を印象づけた演劇であった。

人類学教室の主任であった坪井正五郎に勧められ、戸惑いながらも決心した

▼ヤミ族　台湾島の東南沖にある島、蘭嶼の住民。言語的にはオーストロネシア語族に属す。焼畑による粟・サツマイモ、水田で水芋の栽培を行うとともに、漁業を営む。とくにトビウオ漁は勇壮である。それだけにタブーも厳しく守られている。

●――**台湾ヤミ族の正装**（撮影：鳥居龍蔵）　褌《ふんどし》姿で銀の兜をかぶっている男たち。

鳥居の心とて、こうした野蛮観に襲われていたであろうことは疑いえない。ところが、台湾の土地がよほど性にあったのか、鳥居は何度も、しかも広範囲に交通不便な場所を旅行している。峻厳な山岳地帯、荒い波の押しよせる絶海の孤島、こうした環境にもかかわらず、あえて挑戦したその踏破旅行は人びとを感嘆させるものがあった。いく先々で、鳥居は人類学調査ではじめての写真撮影を行い、豊富な映像記録を残していく。

　鳥居の調査地のうちでも、台湾島の東南方向の沖合いに浮かぶ小島、蘭嶼《らんしょ》に住むヤミ族▲は重要な位置を占めている。もちろん、鳥居がおもに手がけたのは、師匠の坪井正五郎から伝授された頭、顔面をはじめとした身体形質の測定であった。このほかにも、身体装飾や衣食住、日常の生活用具などのつぶさな観察記録を残していて、観察眼の細やかさは当時の水準と比べて群をぬいている。だが、これらと比較すると、宗教・儀礼の記述は貧弱である。霊魂観について一とおりの記載はみられるものの、それらは観察可能な事柄にとどまり、記述の深さは読みとれない。

　周囲を海に取り囲まれた環境に住むヤミ族は、生活の中心に漁業があった。

●——現在のヤミ族の祭り　「招魚祭」を行っているヤミ族の男。

ヤミ族の文化をあざやかに彩るのは魚をめぐる宗教的タブーであり、その後の研究者は魚の民俗分類をとおしてヤミ文化の奥底に流れる観念の世界に深い関心をよせてきた。毎日のように食材にし、頻繁に接している魚に対してヤミ族は深い関心をよせている。魚の分類の詳細さだけではなく、それぞれの種類の魚に意味をもたせ、「真の魚」「普通の魚」「悪い魚」に分類し、タブーを課していることが、今日ではよく知られている。

しかし、鳥居の報告書にはそうした記載をみることができない。それは時代の制約によると簡単にいってよいが、当時にあっては斬新的な鳥居の学問ではあったが、限界でもあった。観察できることだけを正確に記述すること、これが鳥居の調査方法論の出発であって、この態度は晩年にいたるまで持ち続けられた。

逆にいえば、心意現象など、観察できない事柄はなおざりにされるという結果を招いてしまったのである。目にふれた事柄を後世に綿密な記録として残すことが鳥居の生涯の仕事であった。おびただしい分量の文章とともに写真、スケッチや図版を残すことになった素地には、こうした研究態度があった。だが、

▼ミャオ(苗)族　中国南部の貴州省・湖南《こなん》省などに住む少数民族。焼畑耕作で陸稲などの栽培をしていたほか、棚田《たなだ》での水田耕作もみられる。歌垣《うたがき》の習俗もあり、「鼓《こ》社《しゃ》」という父系氏族があり、共同で祖先祭祀を行う習俗もある。

●貴州省のミャオ族(撮影：鳥居龍蔵、一九〇二年)

その反面、文化の深層にある隠された意味の世界には到達できなかった。

台湾での研究は、中国貴州《きしゅう》省のミャオ(苗)族▲の調査へと発展していく。ミャオ族の報告書の体裁はヤミ族の報告書といささか異なっている。ヤミ族の記述は「民族誌」作成の形式を踏まえ、調査項目ごとに聞きとった事柄を列挙するという内容であったのに対して、ミャオ族の報告書には旅行記の体裁をとったものもある。読者にとってみれば、日記風に書かれた記事からは毎日の調査内容を知ることができて興味をつのらせることができるが、専門家にとってみれば、冗長な表現の蒸返しには閉口せざるをえない。こうした日記風で、かつ紀行文として表現した報告書は、鳥居独自の記述方法としてのちのちまで続いていく。

ミャオ族調査の目的は、さきに調査した台湾の住民とミャオ族とは「人類学上密接なる関係をもって居るのではないかという疑問」を解くことにあった。治安の悪い山岳地帯を渉猟し、ヤミ族の調査と同じく身体計測を試みていた鳥居は、時に「風俗及び人びとの様子を見るに、何となく先年旅行した台湾」がふっと思い起こされたようである。鳥居は、ミャオ族に台湾との類似点があるのに郷愁を感じる一方で、漢《かん》族文化の影響を受けているようすをみたときは当惑を隠しきれなかった。鳥居はミャオ族の昔の姿をみつけようとしていた。それで、ある村で銅鼓《どうこ》をみいだしたとき、これぞミャオ族固有の文化だとして感激し、大学の研究室に持ち帰っている。帰国後、詳細に文献と照らしあわせて考証し、紋様、形状、化学的成分について分析を試み、この民族のいにしえの系統について着想をめぐらしている。鳥居の息遣いが伝わってくる瞬間である。

鳥居龍蔵の学問領域は多彩であり、一つの専門領域で括られるものではなかった。今日でいえば、自然人類学・文化人類学(民族学)・考古学、あるいは東洋史などにまたがる研究領域の広がりは鳥居の学問的成長の結果でもあった。明治から大正・昭和にかけて帝国日本の植民地支配が拡大していくにつれ、鳥居の学問対象もまた朝鮮・満洲《まんしゅう》・蒙古《もうこ》・樺太《からふと》へと広がりをみせていく。台湾のヤミ族や貴州のミャオ族の調査をしていたときの鳥居は、身体計測とともに風俗習慣に関心を示していたが、しだいに考古学や古典の探索へと傾斜を強め、同時に文体のうえでも紀行文形式をとった随想を数多く発表するなど、微妙な変化が生まれていった。

▼ツングース族　シベリアから中国東北地区に住む諸族をいう。エヴェンキ・オロッコ・オロチョン・ゴルディのほか、満(満洲)族やソロン族も含まれる。

鳥居は一九一九(大正八)年にシベリア調査にでかけている。このときの研究目的は各地方を実地踏査すること、各地の博物館の採集品を精査すること、各地の学者を訪問して情報を交換すること、各地の図書館を渉猟して資料をえること、そして専門書を購入することであった。このときの報告書もまた、紀行文として日記風の一般的読物の形式をとりながら記述されている。

中国東北地区の興安嶺《こうあんれい》からシベリアにかけてツングース系統の少数民族、ウィルタ族やオロチョン族などが住んでいる。紀行文にあらわれた民族学的記述には、石器や土器《どき》の採集、物質文化や土俗品《どぞくひん》の採集、身体測定などの話が、漢族との民族的軋轢《あつれき》話とともに紹介されている。しかしながら、見聞きした事柄を正確に記述し、日常生活を描写することをおこたっていないにしても、深い洞察は影を潜め、とおり一遍の記述に終始している。鳥居の研究手法は、のちの人類学者が風俗習慣の奥に潜む価値観を探ろうとし、一つの地域で長期間住み込んで行う調査法とはあいいれない。戦前期、満洲における少数民族の研究は多くの研究者を魅了したものであったが、のちの研究者にとっては鳥居の業績はさして評価されることがなかった。その理由は、鳥居の調査が、あたかも旅路をいく旅行者の観察にとどまっているかのような印象をあたえ、深みがなかったからである。

鳥居の関心は、朝鮮・蒙古、そして北アジアへと調査を進めるにつれ、そこでえられた知見をもとに、日本民族の起源の探求に向くようになった。従来の研究では記紀《きき》神話の解釈に基づいた文献考証が主流であったのに対して、鳥居の研究は斬新であった。第一に鳥居には海外で経験した知識の蓄積があり、比較という観点から日本民族の起源を論じることができた。第二に、考古学的な証拠を基いにして議論するという実証的な方法を身につけていたことが斬新であった。その立場は、記紀神話に基づいた日本古代史の研究方法を痛烈に批判し、石器などの遺跡・遺物をとおして実証的であろうとする研究態度を貫いたことにみることができる。朝鮮研究でも『三国史記《さんごくしき》』『三国遺事《いじ》』などの神話伝説によって古代を考察する方法に批判的で、遺物からの考察を推進する立場にあった。

鳥居の著書『有史以前の日本』でいうところの「有史以前」とは、「石器を使った時代」のことである。鳥居はその著作で、日本列島に住む人びとの来歴を語っている。それによると、おもに北海道に住むアイヌ民族が「日本の最初の主人公」、つまり最古の民族であり、これより遅れて大陸から来た一群が現在の日本人の祖先、つまり「固有日本人」であるとみなされている。かくして、「古い日本にはアイヌと固有日本人とが住んで」いて、「有史以前（石器時代）」の遺跡には二種類あったことになる。朝鮮に磨製あるいは半磨製の石斧《せきふ》、スレートの石包《いしぼう》丁《ちょう》、磨製の石鏃《せきぞく》など、石器が大量に存在するのを確認した鳥居は、「石器の形や土器の形状・模様等も酷似して」いることを確認し、このように結論づける。すなわち、「吾人祖先の日本の石器時代は、朝鮮・満洲・沿海州あたりと連絡があって、吾人の祖先はこれらの地方から南漸し来ったものと考えられるのである」と（『鳥居龍蔵全集』一巻、二九八ページ）。

原始神道《しんとう》の探求の著書である『日本周囲民族の原始宗教』は、日本周囲の諸民族の宗教との比較を試みた著作である。その議論の中心には、朝鮮を含め北アジアに広くみられるシャマニズム▲は日本の原始神道と共通性があるとの見解がすえられている。結論は、「東北アジアに行われるシャーマンは、我が原始神道に直接頗る深い関係」をもち、「実に我が国の古代は、原始宗教上、このシャー

▼**シャマニズム**　忘我《ぼうが》（トランス）状態に陥った呪者《じゅしゃ》が直接、神や精霊《せいれい》と会話し、その結果を依頼者に伝えるという宗教。その方法には二種あり、神を自己の身体に憑依《ひょうい》させる憑霊（ポゼッション）型、呪者の魂が抜けでて天空を駆け神と交流する脱魂（エクスタシー）型である。シベリアや朝鮮半島には脱魂型が多くみられる。

マンの分布圏に属す」というものであった（『鳥居龍蔵全集』七巻、三二一ページ）。

グレーゾーン上の鳥居龍蔵

鳥居龍蔵は一八七〇（明治三）年生まれだから、文明開化《ぶんめいかいか》の波に乗り、近代日本の成長とともに育ってきたことになる。その成長は、日本が海外に植民地を獲得していった過程と重なりあっている。鳥居は日清《にっしん》戦争終結直後、遼東半島に出向いているし、すぐあとには新領土・台湾にでかけている。鳥居の学問領域の進展も、こうした帝国日本の膨張と無縁ではない。若き日の鳥居はこうした帝国の発展に夢をふくらませていた国民の一人であった。ただし、植民地が主要な研究活動の場であり、そこでえられた膨大な情報を著作として発表したとはいえ、植民地行政に直接的にかかわるような仕事をしていたのではなかった。たしかに、鳥居は「日鮮同祖論《にっせんどうそろん》」▲の信奉者であったし、朝鮮総督府《そうとくふ》の遺跡調査の研究組織にも加わっていた。だが、鳥居にとってみれば、遺跡調査員としての活動は、植民地行政にかかわる政治的発言の場を確保するというよりも、自己の考古学的研究を遂行するための利己的な営みであった、といったほうが

▼**日鮮同祖論**　日本民族と朝鮮民族とは祖先が同じで同一民族だという考え。戦前、日韓併合を正当化するために唱えられた。金沢《かなざわ》庄三郎《しょうざぶろう》『日鮮同祖論』などの書物がある。

よい。自己の人類学的研究を植民地行政のために奉仕させるというよりも、植民地行政官を利用して自己の学問の練磨をはかるというのが、鳥居の研究戦略であった。しかし、それだけに時代の流れを読みきれないあやうさも潜んでいた。植民地統治に無縁でもなく、かといってそのイデオローグでもなかった微妙なグレーゾーン上に鳥居は立っていた。

　大正期に歴史学や民俗学の分野で活躍した人物に喜田貞吉《きださだきち》▲がいる。憑物《つきもの》や被差別部落の研究で秀れた業績をあげた喜田は、また一方で記紀の神話など古代の文献を根拠にして啓蒙的な著作を著わし、熱烈に日鮮同祖論を主張していた。日鮮同祖論を説く論拠は、高句麗《こうくり》や百済《くだら》を建国した扶余《ふよ》族と天皇家の祖先にあたる天孫《てんそん》民族とはきわめて近い類縁関係にあった、と考えたからである。それゆえ、喜田にとっては、韓国の併合は理にかなったものであり、「いったん離れていたものを本に復したるもの」にほかならなかった(喜田貞吉『韓国の併合と国史』三省堂、一九一〇年)。この考えは、当時の論壇に大きな影響をあたえ、鳥居もまたその影響を強く受けたようである。

　朝鮮統治にあたって、朝鮮総督府は支配の正統性を主張するために歴史の研

▼**喜田貞吉**　一八七一〜一九三九年。歴史学者。一八九九(明治三十二)年、日本歴史地理研究会を組織し、『歴史地理』を刊行。国定歴史教科書の編集にあたったこともある。著書に『喜田貞吉著作集』。

究を開始し、多くの学者を動員して研究計画を立ち上げていく。当時の歴史学界の重鎮であった黒板勝美《くろいたかつみ》▲は、その企画研究の中心人物として活躍していた。黒板は東京帝国大学から「朝鮮史蹟遺物調査」を依頼され、一九一五(大正四)年以降、四年にわたって古墳の調査や、新羅・百済文化の調査など朝鮮古跡調査を行っている。さらに、朝鮮総督府による『朝鮮半島史』の編纂事業が始まると、黒板は嘱託として参加し、編纂作業に従事するようになる。その『朝鮮半島史』編纂の目的は、「朝鮮人は漫然併合と聯絡なき古史又は併合を呪詛《じゅそ》せる書籍」を読むことを恐れ、「公明的確なる史書」を普及させることにあった。その主眼は「日鮮人の同族たる事実を明する」ためであった(朝鮮総督府『朝鮮半島史編成ノ要旨及順序』四ページ、一九一六年)。

　引き続いて、朝鮮総督府は「朝鮮古跡調査委員会」を設立し、黒板を中心とする調査委員会が発足する。この委員会の政治的意図ははっきりしていた。当時、朝鮮では神人の檀君《タングン》が平壌《ピョンヤン》の地に降臨し建国したという神話▲が流布していたが、総督府側からすれば、この神話こそは「併合を呪詛せる書籍」の本体にほかならなかった。総督府側としてみれば、この神話は後世の付会にすぎず、信ずるに

▼**黒板勝美**　一八七四〜一九四六年。歴史学者。東京帝国大学国史学科卒。一九一九(大正八)年、東京帝大教授。日本の古文書学を確立。『国史大系』の校訂出版に貢献した。

▼**檀君神話**　朝鮮に伝わる伝説上の始祖。平壌を都として、一五〇〇年間、治世したと伝える。

たるものではない、と力説する必要があった。

鳥居龍蔵はこの朝鮮古跡調査委員会の委員に任命されている。喜田貞吉や黒板勝美と同じく、「日鮮同祖論」を支持していた鳥居の主張は総督府の思惑と一致したのである。鳥居は、平安南道《ピョンアンナムド》や黄海道《ファンヘド》での考古学の調査を受けもち、石器時代の遺跡、さらには貝塚《かいづか》・ドルメンなどの遺物調査を行い、有史以前の朝鮮の石器と日本の石器とは類似点が多いという見解を一層確信するようになった。鳥居は繰り返し、「体質、言語、神話、伝説」だけでなく「考古学上調査の結果、有史以前から日鮮の関係があったことが確かに証明」された、といってはばからない。しかしながら、この鳥居の考えはあまりにも単純であったとしかいいようがない。鳥居は「民族」の定義をあたえることはなく、ただ日本と朝鮮とのあいだに考古学的にみた関連性があるというだけで、「日鮮同祖論」に短絡してしまうのである。その結果、「日鮮人の場合は、同一民族であるから、互いに合併統一せらるるのは正しきこと」と飛躍してしまう(『鳥居龍蔵全集』一二巻、五三八ページ)。その内容には、喜田貞吉や黒板勝美のような戦略的な目的も、怜悧《れいり》な思想性もなく、ただ時流に迎合した姿しかない。

▼シベリア出兵　ロシア革命への干渉のため、英米仏とともに行った軍事行動。シベリアから撤兵したのは一九二二(大正十一)年、北樺太からは二五(同十四)年に撤退した。

鳥居は保守的な政治的信条の持ち主であったが、植民地主義のイデオローグというには遠い存在であった。植民地主義の思想を煽り、学問の営為を政策と結びつけようと政治的に活動するよりも、あらゆる機会を利用して自己の学問的営みを遂行しようとする貪欲な姿しか、鳥居の肖像からは浮かんでこない。日本のシベリア出兵《しゅっぺい》▲に小躍りする鳥居は、考古学だけがすべてで、学問的営みを達成できればこれ以上の幸せはないとばかりに叫ぶ楽天ぶりをさらけだしている。日本の勢力がウラジオストックにまでおよんで、自由にウラジオにはいることができたことを素直に鳥居は喜んでいる。「写真を取る《(ママ)》ことが出来る。いかにも愉快至極である」。あるいは、こうもいっている。「シベリア出兵の目的如何ということはともあれ、(中略)これを利用するの如何は日本人の任務で」ある(『鳥居龍蔵全集』八巻、三三五ページ)。

シベリア出兵を機に訪れた調査の機会を有効に利用せよというのが鳥居の主張であった。学問至上主義とでも呼ぶべき鳥居の発言は、さらに続く。鳥居は晩年になって蒙古での学究生活を振り返って、こう語っている。

私達が蒙古に来た目的は、軍国主義の使命を果たすためでなくて、蒙古人に親しみ文化的に彼らを教育すると共に、私の専門とする人類学・考古学をこれから研究せんがためであった。(鳥居龍蔵「ある老学徒の手記」『鳥居龍蔵全集』一二巻、二三八ページ)

たしかに、鳥居は最初から軍国主義の使命を果たそうと思ってシベリア研究をしていたわけではなかった。鳥居には学問へのひたむきさがあった。しかしながら、どこまでいっても鳥居には一つの雰囲気がついてまわる。そこには、幼少期の一途な好事家が、老いても無邪気なままの好事家であったという声がこだましている。ふたたび、シベリア出兵についての鳥居の発言を聞いてみたい。

シベリア出兵は失敗であると叫ぶ人がある。私は一学究、もとよりその可否に関しては何も知らないが、少なくとも出兵によって当地調査の便宜の開かれたことは、一つの効果として考えなければなるまい。(中略)私は不肖ながらこの好機会に同地の探検調査を行い、しかもあえて不十分とはいえ、斯学相当の結果を齎すを得たことよりして、シベリア出兵は人類学、人種学、考古学に対して貴重なる寄与をなしてくれたものとして、深く敬

意を捧げたのである。(「人類学及人種学上より見たる北東亜細亜」、のちに、『鳥居龍蔵全集』八巻、五ページ)

今や満洲事変から北支事変以後俄《にわ》かに我々学者の研究も非常なる便宜を与えらるる事となり、昔三年を要したものが今日では数ヶ月以内で充分の調査が出来る様になった。全く皇軍の有りがたき賜と感謝すると共に、尚一層研究の上に懸命の御奉公を尽したいと希望して居る。(「教育顧問として蒙古に行った頃」『教育』七巻四号、五五五ページ)

鳥居にとって、もともと植民地での政治状況はどうでもよかったのであろう。有史以前の遺跡を調査し、そのつぎに日本では入手不可能な図書をみつけること、植民地を歩きまわる鳥居にとって、これ以上の学問冥利につきることはなかった。

日本民族学会の成立

大正から昭和にかけて、人類学研究は大きな転換点を迎えている。坪井正五郎らによって始められた『人類学会報告』は、しだいに自然人類学、すなわち身

●——昭和初期に出版されていた人類学関係の機関誌

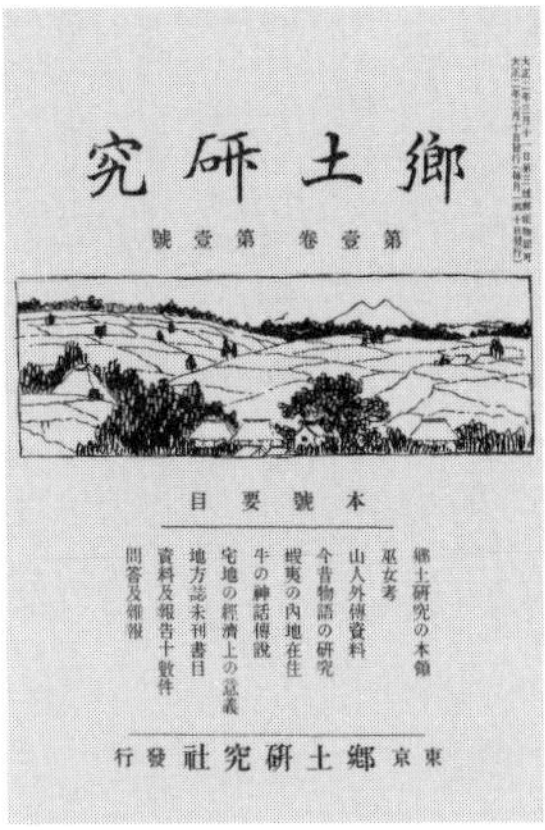

『郷土研究』一九一三年三月に創刊。一九三四年、七巻七号で廃刊。

『民族』一九二五年十一月に創刊。一九二九年、四巻三月号で廃刊。

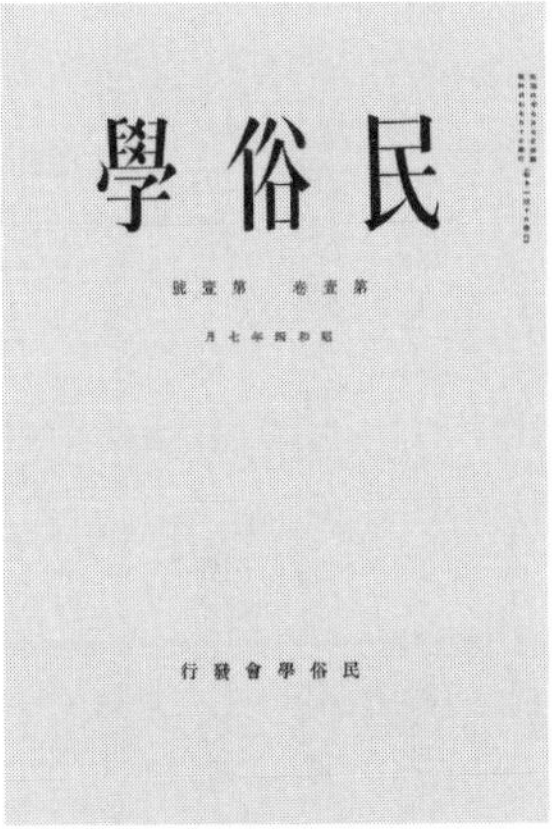

『民俗学』一九二九年七月に創刊。一九三三年、五巻一二号で廃刊。

『ドルメン』一九三二年四月に創刊。一時休刊し再刊後、一九三九年、五巻七号で廃刊。

『民族学研究』一九三五年一月に創刊。『文化人類学』と改称して現在に存続。

『民間伝承』一九三五年九月に創刊。戦後、日本民俗学会の機関紙から一般雑誌に変容。

体形質など自然的側面を主題にする研究雑誌に傾斜していった。土器の編年的研究の進展とともに、鳥居龍蔵の研究もやがて時代遅れとみなされるようになっていった。こうした情勢のなか、一方では日本の民俗、さらには異文化によせる関心が徐々にふくらんでいく。

大正末から昭和初期にかけて、日本の民族学・人類学にとっては、その幕開けとでもいうべきはなやかさがただよっていた。この時代、同好の仲間が集まり機関誌を発刊するという出来事が繰り返されていた。ただ当時の研究者は民俗学と民族学との境界を厳密には区別していなかったので、一つの雑誌に両者が相互に乗り入れるというのも珍しくはなかった。まず、民俗学関係では、一九一〇(明治四十三)年、柳田國男《やなぎたくにお》▲が中心になって郷土会が結成され、一三(大正二)年に郷土研究社から『郷土研究』が創刊されていた。この雑誌は、一時休刊ののち、再刊され、そして一九三四(昭和九)年まで続いている。一九二八(昭和三)年には『旅と伝説』▲が発刊された。この雑誌には、一九四四(昭和十九)年の廃刊(一七巻一号)まで昔話・伝説など口承文芸が多く掲載され、歴史記録にはあらわれない一般生活人の伝承が紙面をにぎわせてきた。

▼柳田國男　一八七五〜一九六二年。日本民俗学の創始者。貴族《きぞく》院《いん》書記官長などを歴任したのち、本格的に民俗学研究に打ち込む。一九四九(昭和二十四)年に日本民俗学会を結成し、初代会長になる。全国的規模で常民《じょうみん》の伝承資料を収集し、著作活動をしながら多くの弟子を育てた。

▼『旅と伝説』　一九二八(昭和三)年創刊。一九四四(昭和十九)年、一七巻一号で廃刊。

▼リヴァース　一八六四〜一九二二年。イギリスの人類学者。進化論から伝播論に転じて研究した。

▼伝播論　十九世紀末から二十世紀にかけてドイツを中心に展開した人類学方法論。文化要素の伝播に意義をみいだし、人類文化の歴史を構成しようとした。フロベニウス・シュミット・ハイネ＝ゲルデルンなどが中心人物であった。

一九二五(大正十四)年十一月、東京では今日の人類学(文化人類学)につながる人類学関係の学会が組織され、機関誌『民族』が発行された。この雑誌が人類学的色彩をはらんでいたことは、一巻一号に「民族学の目的」と題してイギリスの人類学者、リヴァース▲の論文が岡正雄《おかまさお》訳で掲載されたことから推量される。リヴァースはメラネシアを調査した経験をもち、文化伝播論▲の主導者として名を馳せた人類学者であった。岡正雄▲自身は、三巻三号に「文化は文化から」と題する論文を投稿している。アメリカの文化人類学者クローバー▲を引合いにだしながらの論考は、生物学的、あるいは心理学的方法を排除し、文化事象の独自性を強調する内容であった。

しかしながら、この雑誌には「資料・報告・交詢」欄が設けられ、毎号のように葬送儀礼や民間信仰、俗信や年中行事など、民俗にかかわる投稿が地方の読者からよせられ、内容的には民俗学と分かちがたく結ばれていた。執筆者には民俗学者の柳田國男や中山太郎《なかやまたろう》、沖縄学の伊波普猷《いはふゆう》▲や佐喜間興英《さきまこうえい》、宗教学者の赤松智城《あかまつちじょう》や宇野円空《うのえんくう》、社会学者の有賀喜左衛門《あるがきざえもん》、考古学者の浜田耕作《はまだこうさく》、アイヌ学の金田一京助《きんだいちきょうすけ》▲などがならんでいて、雑多な印象をあたえながら、在野に伝

▼**岡正雄**　一八九八〜一九八二年。東京帝国大学社会学科を卒業後、ウィーン大学で民族学を研究。帰国後、文部省民族研究所の所員として活躍。戦後は東京都立大学、明治《めいじ》大学などの教授を歴任。著書に『異人その他——日本民族＝文化の源流と日本国家の形成』。

▼**クローバー**　一八七六〜一九六〇年。アメリカの文化人類学者。考古学・言語学を含め幅広い学識をもち、文化理論でアメリカ人類学界に影響をあたえた。

▼**伊波普猷**　一八七六〜一九四七年。沖縄研究の創始者。沖縄の歴史・民俗・文学・言語の研究を行い、日本の文化の古層に沖縄文化があることを力説した。著書に『伊波普猷全集』全一一巻。

▼**金田一京助**　一八八二〜一九七一年。言語学者。アイヌの言語と文化を研究した。著書に『アイヌ叙事詩ユーカラの研究』。

わる民間伝承を掘り起こすという共通の狙いがこめられていたのが伝わってくる。

だが、こうした雑多性のなかで、いまだ民俗学と民族学とが意識のうえでは分別されていなかった当時において学会の名称に「民族」という用語が用いられていたことに、何人かの読者は戸惑ったようである。「民族」という言葉は、国《こく》粋《すい》主義の高まりのなかで、一八九〇（明治二十三）年前後からしだいに使われ始めたと考えられている（安田浩「近代日本における〈民族〉観念の形成」『思想と現代』三一号）。いうなれば、それは政治的色彩をもった言葉であり、「国民」という語と同義語として使われていたようである。それだから、論文を読んだ一読者のなかには内容本位にみて「民俗」としたほうがよいと感想をよせる人もあらわれてくる。この学問の名称が揺れ動いた背景には、大正期における「民族」という用語の不安定さが潜んでいたのである。

編者の努力のかいなく、『民族』は一九二九（昭和四）年に四巻三月号をもって廃刊に追い込まれる。柳田國男はしだいに民族学と区別された民俗学の樹立に向かい始め、民間伝承の発掘をめざし「民俗学会」を立ち上げ、一九二九年七月

▼白鳥庫吉　一八六五〜一九四二年。東洋史学者。学習院《がくしゅういん》大学、東京帝国大学を歴任。東洋文庫の設立など、東洋史研究で大きな足跡を残した。著書に『西域史研究』などがある。

▼日本民族学会　一九三四（昭和九）年に設立された当時の購読会員は約三〇〇人であった。一九

に『民俗学』一巻一号を刊行する。これは現在の民俗学に近い分野の雑誌であるが、発起人の名前をみるかぎり、『民族』と重なる会員が少なくないし、論文も民族学的内容が少なくない。その後、一九三二(昭和七)年、同好の士を集めて雑誌『ドルメン』が岡書院から刊行された。『ドルメン』は人類学の学術雑誌ではあったが、猟奇的な読物がまざり、一般受けを狙った雑誌であった。しかしながら、短期間の生命であったとはいえ、『ドルメン』の発刊をとおして人類学研究の新しい息吹きが芽生え始めることになり、「原始文化」に直接、肌で接してみたいと志しを立てる人類学者が大勢誕生してきた。こうした熱気に敏感に反応し、一九三四年になると本格的な人類学研究が開始された。宗教の分野からも、法律の分野からも、歴史の分野からも、人類の始源的状態を探求してみたいというやみがたい知的欲求は、おりから西欧の人類学的理論の導入にともなって、確実に広がっていったのである。

一九三四年、旧民俗学会が自発的に解消したあとを受け、東洋史学の白鳥庫《しらとりくら》吉《きち》▲を理事長にして「日本民族学会▲」が成立した。理事には渋沢敬三《しぶさわけいぞう》▲・新村出《しんむらいずる》・関《せき》屋貞三郎《やさださぶろう》・桑田芳蔵《くわたよしぞう》・移川子之蔵《うつしかわねのぞう》が名を連ね、一九三五(昭和十)年一月には

三八(昭和十三)年には渋沢敬三の尽力で附属研究所と附属博物館ができたが、一九四三(昭和十八)年に文部省直轄の民族研究所ができると、日本民族学会はその外郭団体として財団法人民族学協会に組織替えした。一九六四(昭和三十九)年になって、学会と財団をかねる矛盾を解消するため、日本民族学会(今日の日本文化人類学会の旧名)として発足しなおした。

▼**渋沢敬三**　一八九六〜一九六三年。戦後日本の経済界を主導した中心人物。若いときから民族学や民俗学に興味をもち、本職の銀行業務のかたわら、邸内倉庫の二階にアチックミューゼアムと称して展示館をつくり、民具などの展示をしていた。日本民族学会の創設に尽力し、附属博物館は渋沢の財政的な援助で設置できた。戦後は、日銀総裁、大蔵大臣を務めた。著書に『豆州内浦漁民資料』四巻、『日本魚名集覧』三冊。

『民族学研究』（季刊）が古野清人《ふるのきよと》編集長のもとで刊行され、華々しく船出することになった。これが現在の「文化人類学会」につながる直接の先祖である。『民族学研究』創刊号の「学界彙報」には、「日本民族学会設立趣意書」が掲載されている。それによると、「我国の民族研究はこれまで民俗学の名に於て、主として郷土研究の方向に発展せしめられ、日本残存文化の採集と解説とに貢献」してきたが、それだけにとどまらず、さらに国際的に視野を向け、「綜合大成」する必要に迫られた、と訴えている。「旧民俗学会の委員会が自らの組織を発展的に解消することを決し」て成立した日本民族学会の趣意書は、こういう。

余他の民族文化との特徴を比較し、相互の系統関係を明かにして、文化の発生から接触伝播の理法を考究することは、海外に於ける民族学の進展からも当然に要求されている。特に今夏ロンドンに第一回の会合を催した国際人類学民族学大会の成立と、これに対する我が学界の参与とは益々国内の研究を促進せしむる必要を現実的に要請することになった。（「学会彙報」『民族学研究』一巻一号、二一九〜二二〇ページ、一九三五年）

この文面からわかるように、民俗学と別の道をあゆみ、諸民族の文化との比

▼デュルケム　一八五八〜一九一七年。フランスの社会学者。彼は、社会学の対象を「社会的事実」

較研究に重点を移した学会として、日本民族学会が成立した。興味がもたれるのは、その契機に「人類学及び民族学国際会議」の存在があった、ということである。この国際会議は一九三四年にロンドンで開催された。五〇カ国以上からの参加をみたこの会議は、人体測定を含む自然人類学分野、「未開人の心理」を研究する分野、人口問題の分野、アジアやニューギニアの文化類型を扱う分野などとともに、「社会学」と「宗教学」「言語」の分野も包含していた。「社会学」の分野では、デュルケム学派やマリノウスキー学派の発表があいつぎ、注目をあびていた。

昭和になって本格的に出発した日本の人類学が欧米の人類学理論の影響下におかれていたことは、日本民族学会が成立した当初のいきさつからも理解できる。欧米への気配りは、『民族学研究』には英文要約がついていて、「編集後記」には「民族学の国際的協力を実現するためにも欧文目次の外に resume をも附加」したとの説明書きがあることから察しがつく。実際、この雑誌には「新刊紹介・学界彙報」欄があり、多くの欧米人の著作が紹介されている。ベネディクトの『文化の型』が古野清人によって紹介されたのは『民族学研究』一巻二号（一

と規定し、個人の意識を超えた集団表象の重要性を力説した。著書に『社会分業論』『自殺論』『宗教生活の原初形態』などがあり、日本の人類学者・宗教学者にも影響をあたえた。

▼マリノウスキー　一八八四〜一九四二年。ポーランド生まれのイギリスの人類学者。進化論や伝播論の思弁的傾向を批判して、パプアニューギニア沖合いのトロブリアンド島で野外調査を行い、今日の人類学の基礎を立てた。とくに家族組織や呪術の研究に秀でて、その後の人類学に画期的な影響を残した。著書に『西太平洋の遠洋航海者』。

▼ベネディクト　一八八七〜一九四八年。アメリカの人類学者。文化を一つの統合体としてとらえ「文化の型」という概念を打ち出した。日本文化を論じた『菊と刀』は、代表作。

九三五年)であり、一巻三号(一九三五年)にはレヴィ＝ブリュール▲『原始的神話学』・ローウィ▲『文化人類学概論』、一巻四号(一九三五年)にはレヴィ＝ブリュール『未開社会の思惟』・ホグビン『ポリネシアにおける法と秩序』などが取り上げられている。『民族学研究』四巻四号(一九三八年)には、三《み》品《しな》彰英《しょうえい》によって二七ページに達する長文の紹介文、「米国文化人類学界案内記」が載せられている。アメリカの主要大学の人類学講座を取り上げ、著名な人類学者の業績や講義内容を紹介し、あわせて人類学関係の博物館にも話題を広げた内容は、アメリカ人類学界への関心を呼び起こしたにちがいない。

『民族学研究』所収論文もまた、ドイツ流の歴史民族学▲であれ、イギリス流の社会人類学▲であれ、あるいはフランス流の社会学であれ、最新の西欧の人類学理論にかかわる内容が少なくない。もちろん、国内の事例としてアイヌ研究論文が話題をにぎわしたことがあるし、民俗学の論文も多く掲載されている。柳田國男や早川孝太郎《はやかわこうたろう》などの民俗学者、有賀喜左衛門▲などの社会学者、八幡一郎《やはたいちろう》などの考古学者、白鳥庫吉などの東洋史学者、松村武雄《まつむらたけお》などの神話学者、このように初期の『民族学研究』への投稿者は多士済々である。内容的にも民俗学と

▼**レヴィ＝ブリュール**　一八五七～一九三九年。フランスの哲学者。未開人の心性は前論理的と主張していた。

▼**ローウィ**　一八八三～一九五七年。アメリカの人類学者。アメリカ・インディアンの研究から家族・親族論で貢献した。

▼**歴史民族学**　二十世紀初めにドイツで盛んになった歴史民族学は伝播論に基づき文化圏説を唱えた。

▼**社会人類学**　社会人類学という名称は一九一〇年前後のイギリスで使われ始めた。機能主義的な立場から、婚姻と親族制度、法と政治制度などを研究対象としていた。この学派の創設者はマリノウスキーやラドクリフ＝ブラウンで、日本の人類学に多大な影響をあたえた。

民族学（人類学）との境界がいまだ漠然としていた時代を再現していた。日本国内にも人類学者を虜《とりこ》にするような風俗習慣はいまだ存在していて、その存在が人類学者を活気づけていた時代であった。

　発足当初の日本民族学会の華々しい活動は、この学会に附属研究所が設置され、さらに附属博物館もまた設置されたことにみることができる。研究所からは『民族学年報』と題して年報が刊行された。その第一巻（一九三九年）には長年、台湾で調査活動を続けてきた馬淵東一《まぶちとういち》の論文、「中部高砂族《たかさごぞく》の父系制に於ける母族の地位」が載り、第二巻（一九四〇年）には同じく馬淵の「ブヌン族に於ける獣肉の分配と贈与」が掲載されている。これらの論文は、まさに社会人類学の手本となるような作品であった。さらに第二巻におさめられた及川宏《おいかわひろし》▲「同族組織と婚姻及び葬送の儀礼」と喜多野清一《きたのせいいち》▲「甲州山村の同族組織と親方子方慣行」とは、日本の村落構造を考えるときの鍵概念を用意し、家と同族理論を打ち立てるいしずえになった論文であり、当時の農村社会学に深甚な影響をあたえた。

　一九三八（昭和十三）年に開館した附属博物館もまた明るく輝き、人類学の発展に希望の光をもたらす存在であった。渋沢敬三の資金的援助で成立した附属

▼有賀喜左衛門　一八九七～一九七九年。農村社会学者。著書の『南部《なんぶ》二戸《にのへ》郡石神《いしがみ》村における大家族制度と名子《なご》制度』は日本の村落構造についての本格的なモノグラフである。

▼及川宏　一九一一～四五年。日本の村落構造と家制度の研究で業績をあげた社会学者。

▼喜多野清一　一九〇〇～八三年。小家族論を基礎として日本の家族の解明を行った社会学者。著書に『家と同族の基礎理論』。

研究所は、多くの人類学者に活動の機会をあたえている。一九三九年には、宮《みや》本馨太郎《もとけいたろう》らを男鹿《おが》半島に送りナマハゲ行事の調査をさせたし、喜多野清一や及川宏らを東京近郊の農村調査に送りだしている。石田英一郎《いしだえいいちろう》は樺太ウィルタ族の調査にでかけている。しかしながら、明るい春の陽射しは長続きしなかった。戦火が激しくなり、大東亜共栄圏が叫ばれだすと、悠長に構えることなどむずかしくなり、人類学研究も押しよせる時局の波に飲み込まれ、あらたな対応に迫られるにいたった。

植民地での学術研究

昭和の時代、日本の人類学の大きな特徴は、西欧からの理論の紹介が試みられ、かつ野外調査が盛んに行われるようになったことである。古くからの信仰や社会制度がみられる農漁村が人類学者の研究対象になったことは当然であったが、日本が植民地を領有したことは野外調査地の広がりをもたらした。ここに、異文化を対象とした専門的な野外調査が行われるようになったのである。明治期に不便をかこっていた異文化研究も今では可能になり、大学や専門的研究機関の独自性のもとで、学術調査は植民地でも組織的に行われるようになった。ただし、学術研究といえども、植民地での調査ということでいろいろな制約はまぬがれなかった。大学という専門機関だけに、そこでの調査は純学術的目的であったけれども、植民地での調査には特別の意図が時として隠されていた。

早稲田大学教授で地質学者の徳永重康《とくながしげやす》を団長とし、一九三三(昭和八)年に実施された「第一次満蒙《まんもう》学術調査研究団」を取り上げてみたい。この調査団は地質学・地理学・植物学・動物学・考古学など、自然科学の分野を中心としていて、熱河《ねっか》省(現在の遼寧《りょうねい》省)で実施された。人類学部門では、考古学者の八幡一郎が「先史時代遺跡及遺物」の発掘調査の目的で参加している。この大がかりな調査団は外務省文化事業部・日本学術振興会・満鉄(南満洲鉄道株式会社)・朝日新聞社などの後援で組織され、膨大な報告書(非売品。六部構成、全二五冊、総ページ三九三七ページ、図版八二〇)が作成されているから、その成果は評価すべきなのかも知れない。

しかしながら、この調査は純学術的目的をめざしてはいるけれども、なおか

●満洲資源館（戦前絵葉書）　満洲の天然資源と産業を陳列公開するため、一九二六（大正十五）年に満蒙物資参考館として開設。一九二八（昭和三）年に満蒙資源館、三二（同七）年に満洲資源館と改称。

つ別の目的があった。団長の徳永重康ははっきりと、こう述べている。すなわち、「満洲国の文化の発達未だ幼稚」なため、「満洲国の発達には、第一着手として基礎的科学の探検を行うことは現下の急務」である、と（第一次満蒙学術調査研究団〈徳永重康編〉『第一次満蒙学術調査研究団報告』第一部、一ページ）。団長の発言を読むと、前人未到地の探検は未知なる世界に光明をおよぼし、ひいては社会に多大な貢献をするという信条のもとで、新興国家としての満洲に貢献しようと意図して調査隊は組織されたようである。だが、団長は口を閉ざしているが、実際には別の目的があったようである。『人類学雑誌』四八巻八号の「雑報」欄にはこの調査団が紹介されていて、この調査の計画推進にあたっては陸軍の関与があったことが記されている。

当時、満洲の大連《だいれん》市には満鉄の経営する「満洲資源館」があって、ときには満洲観光団も訪れていた。それは、石炭や鉱石など満洲の地質を中心に、加えて農林業の産物などを展示する施設であった。多くの参観者はこの博物館を訪れるたびに、豊穣な満洲という印象を焼きつけられていた。この豊かな資源の貯蔵庫としての満洲は、開発のために一層正確な調査が必要とされていた。地平

●──台湾大学民族学標本陳列室
この陳列室は戦後のものだが、もとは台北帝国大学土俗人種学研究室の標本陳列室にまでさかのぼる。

線の彼方に連なる広大な原野のもと、そこに眠る豊富な地下資源を日本軍部は求めていたのであって、結局のところ、この調査団は軍の進める満洲開拓の一翼を担っていたことになる。

植民地での学術研究は、どのように組織され、誰が受益者であったのか、よく見極めておかねばならない。台湾・朝鮮・満洲には帝国日本によって大学が創設され、それぞれの地域にふさわしい水準の高い学術研究が求められていた。しかしながら、純粋な学術研究を標榜していても、そこでの研究に国家の意向が介在していなかったとはけっして言い切れない複雑な問題があった。もっとも、植民地での研究や調査といっても、台湾と朝鮮とでは趣きを異にしていたし、研究者個人の政治的態度もそれぞれ違っていた。時として植民地統治の資料を提供するための調査もあったし、軍部や政府の意向とは関係なくひたすら専門知識を磨くための研究もあった。京城帝国大学の秋《あき》葉《は》隆《たかし》のように、高い業績をあげる一方で時流に迎合した粗雑な随想を書く研究者もいたし、台北帝国大学の馬渕東一のように、たえず組織や集団から群れ落ち、あからさまな権力ぎらいになる研究者もいた。

台北帝国大学——人類学研究の拠点

台湾での人類学研究は、旧慣調査会の事業が終ったのち、森丑之助《もりうしのすけ》▲の活躍があったものの、総督府側の熱意はしだいにしぼんでいった。しかしながら、大正末から昭和の初めにかけて、小泉鉄《こいずみてつ》▲の登場によりふたたびにぎわいを見せ始めていた。大学に籍をおくことがなかったけれども、小泉はタイヤル族やアミ族で充実した調査を行い、自治的な統治能力をもっていることを民族誌において証明してみせた。小泉鉄の著書、『台湾土俗誌』(建設社、一九三三年)こそは台湾で最初の本格的な民族誌であった。

小泉鉄の活躍した時期は、台湾でもっとも人類学の調査が高揚したときでもあった。一九二八(昭和三)年、台北《たいほく》帝国大学が日本の南方経営の拠点として台北市に設置された。文政学部と理農学部とで出発した台北帝国大学には独特の講座があって、文政学部の史学科には「南洋史学」、そして東洋史学のなかに「土俗人種学」の講座が付設されていた。土俗人種学研究室▲の主任教授はアメリカ帰りで文化史学派の移川子之蔵▲であった。この研究室は小規模であったにもかかわらず、開設当初には活気にあふれていた。土俗人種学研究室を土台にし

▼**森丑之助**　一八七七～一九二六年。台湾山中を隈なく踏破した在野の人類学者。『台湾蕃族志』は代表作。

▼**小泉鉄**　一八八六～一九五四年。タイヤル族の慣習法の研究で優れた調査を行い、『蕃郷風物記』『台湾土俗誌』を著わした。

▼**台北帝国大学土俗人種学研究室**　一九二八(昭和三)年に建学された当時から文政学部には「土俗人種学研究室」の講座があった。

▼**移川子之蔵**　一八八四～一九四七年。ハーヴァード大学大学院で文化史学派の人類学を学ぶ。台北帝国大学教授として台湾先住民調査で指導的立場にあった。

▼**南方土俗学会**　台北帝国大学土俗人種学研究室に事務局をおいた人類学関係の学会。機関誌『南方土俗』は一九四四(昭和十九)年に廃刊。

て一九二九(昭和四)年、「南方土俗学会▲」が成立し、機関誌『南方土俗』(のちに、『南方民族』と改称)が発刊され、移川らは台湾の土地で人類学研究の花を開かせようとしていたのである。

『南方土俗』には東南アジアやオセアニアを含む広域を対象とした重厚な論文や貴重な資料報告が掲載され、それとともに毎号のように「彙報」欄には外国の人類学研究書の書評も掲載されていて、世界の人類学界の動向をつねに意識して研究に取り組んでいたことがわかる。日本の中央から遠く隔てられた台湾での人類学研究は、東京での取組みと比べて少しも遜色がなかった。土俗人種学研究室には、東京から古野清人が来訪したし、また鹿野忠雄《かのただお》▲も加わって調査に花を咲かせたこともあった。さらに、台北帝大の他の研究室には多彩な研究者がいた。増田福太郎《ますだふくたろう》のように皇民化《こうみんか》政策の信奉者もいたが、たいていは、戸田《とだ》貞三《ていぞう》の弟子であった岡田謙《おかだゆずる》▲のような徹底した実証主義者であった。社会人類学者としての岡田は、アミ族やツォウ族で構造・機能主義的立場からの調査を繰り返し行っていた。

台北帝国大学土俗人種学研究室の名声を高めたことといえば、元台湾総督の

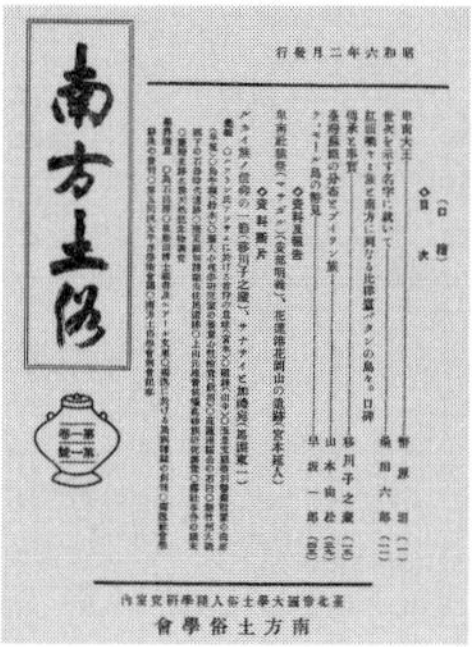

●─『南方土俗』創刊号の表紙

▼鹿野忠雄　一九〇六〜?。考古学・民族学の立場から台湾の先史文化を跡づけた。著書に『東南亜細亜民族学・先史学研究』Ⅰ・Ⅱ。

▼岡田謙　一九〇六〜六九年。台北帝国大学で社会学を担当、のちに東京高等師範学校に転任。イギリス社会人類学に傾倒し、アミ族などの調査をした。著書に『未開社会に於ける家族』。

上山満之進《かみやまみつのしん》▲が退職に際して寄付した惜別記念金をもとに、密度の高い野外調査を実施したことにある。この基金は、言語学教室とともに土俗人種学研究室に贈呈され、それぞれが満足しうる活動資金になった。土俗人種学研究室の貢献とは、当時「高砂族」と日本人によって命名されていた先住民の系統関係を体系的に叙述した業績である。言語や文化の相異から、この高砂族は、当時、タイヤル（アタイヤル）・サイシャット・ブヌン・ツォウ・ルカイ・パイワン・プユマ（パナパナヤン）・アミ（パングツァハ）・ヤミなどが知れわたっていたが、それぞれの細部にいたっての地域差などは漠然とした知識しかなかった。

この上山基金をもとに、研究室の卒業生であった馬渕東一▲は、主任教授の移川や助手の宮本延人《みやもとのぶと》らとともに交通不便な山岳地帯を渉猟し、詳しい系譜の聞取り調査を開始した。一つひとつの村を探索していくなかで、馬渕は人びとの系譜の遡及度が深いことに気づく。こうして、ていねいに特定の個人の来歴を聞くことで、移動と定住の過去の歴史が復元され、それぞれの系統関係が明らかにされたのであった。この成果は『台湾高砂族系統所属の研究』（本編・資料編）として一九三五年に出版され、学士院賞が授与された。他方、言語学教室

▼**上山満之進**　一八六九〜一九三八年。官僚出身の政治家。熊本県知事、農商務省次官を歴任。一九二六（大正十五）年から二八（昭和三）年まで台湾総督を務めた。一九三五（昭和十）年に枢密顧問官。農商務省時代は米穀政策の立案者で、米価基準の設定に寄与した。

▼**馬渕東一**　一九〇九〜八八年。台北帝国大学土俗人種学研究室の卒業生で、在学中から台湾山野を駆けまわり、社会構造と宗教・神話・儀礼は不可分に結びついているという立場からブヌン族などの調査を行った。その考えはイギリス人類学に近かったが、フランス構造主義にも理解を示し、沖縄研究では琉球文化の宇宙観を題材にした論文を発表した。戦後、東京都立大学教授などを歴任。著書に『馬渕東一著作集』全三巻、補巻。

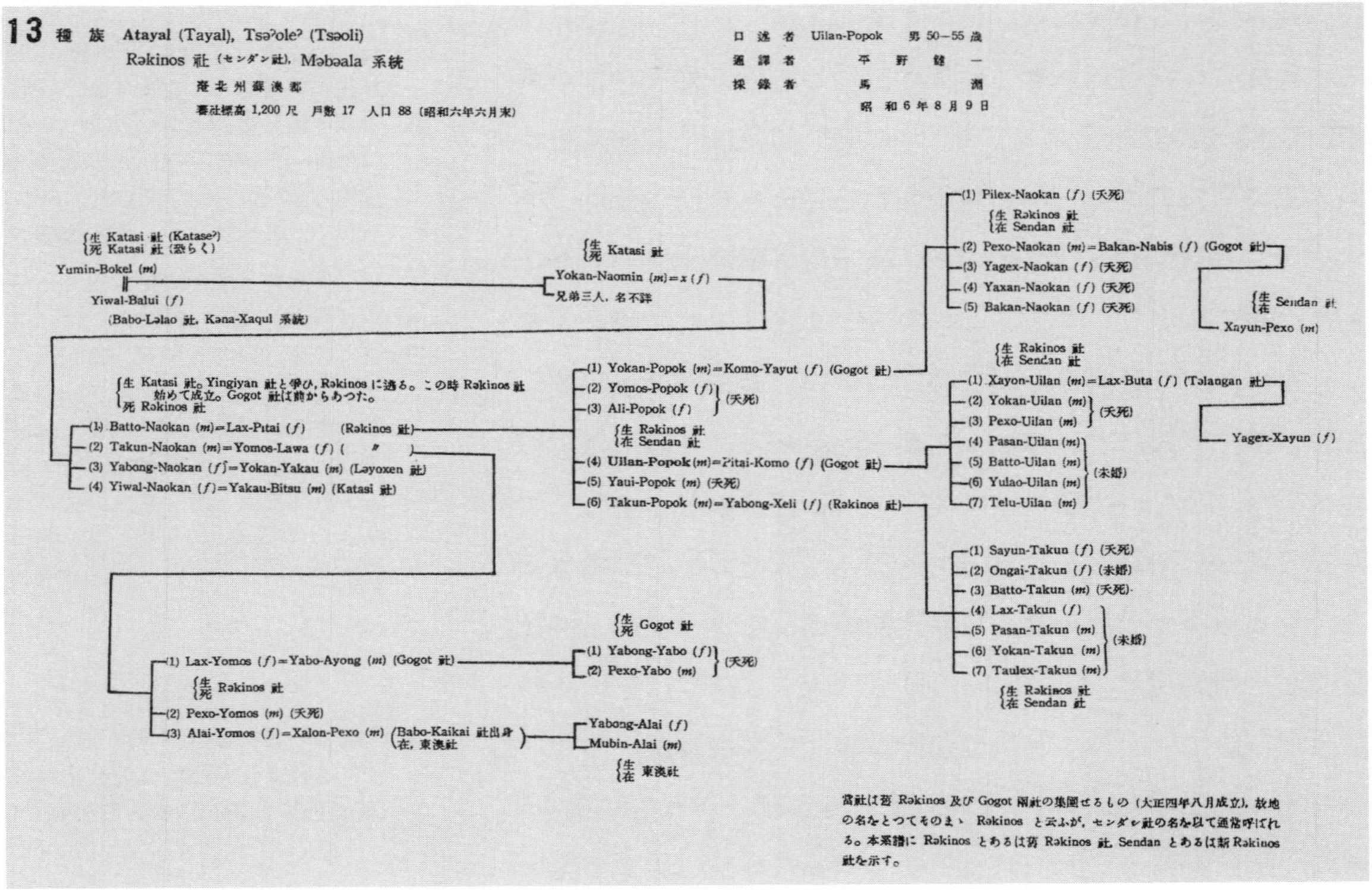

●—台湾での系譜調査　伝承者の兄弟姉妹の名前を聞き、ついでその父の世代の親族の名前を聞くというように、一人ひとりの系譜的関係をさかのぼって確認しながら調査しているようすがうかがえる。台北帝国大学土俗人種学研究室『台湾高砂族系統所属の研究』(資料編)より。

も固有言語の調査に乗りだし、二六三話にのぼる伝説を収集し、それをまとめて『原語による台湾高砂族伝説集』▲という大著を出版し、恩賜賞の授与に輝いた。

この人類学研究が台湾で最盛期にあったとき、台湾研究は国際舞台に踊りでようとしていた。一九二〇（大正九）年、第一回国際学士院聯合会議が開かれたとき、インドネシア慣習法辞典の編纂を発案したオランダ代表に賛同し、総督府の資金援助のもとで、日本も台湾のオーストロネシア系諸族の慣習法を調査し、辞典の編纂に協力する方針を打ち出していた。アムステルダム学士院の編纂した辞典が完成する五年前、一九二九年には学士院の嘱託として宇野円空▲と古野清人が担当者になり、台湾の調査を実施することになった。その後、馬淵東一も嘱託として加わっている。彼らは、すでに出版されていた『蕃族調査報告書』『番族慣習調査報告書』などから関係語彙を選びだし、語義の修正をはかり、音韻の訂正と用語の意味を精査し、さらに正確を期して現地調査も行った。その成果は一九四〇（昭和十五）年に帝国学士院編『高砂族慣習法語彙』として完成された。戦火が迫ったため欧文の解説での出版は断念し、日本語による刊行物になったとはいえ、日本の人類学界、あるいは台湾研究が国際社会の舞台へ

▼『原語による台湾高砂族伝説集』　台北帝国大学言語学研究室では先住民の伝説を原語で採取し、翻訳をそえて記録した。

▼宇野円空　一八八五〜一九四九年。西本願寺《にしほんがんじ》派（尊徳寺《そんとくじ》）に生まれた宗教民族学者。東京帝国大学文科大学哲学科を卒業し、仏教《ぶっきょう》大学、龍谷《りゅうこく》大学、東京大学教授を歴任。インドネシアでの調査を行い、宗教人類学の理論的発展に寄与した。著書に『宗教民族学』『マライシアに於ける稲米儀礼』。

▼金関丈夫　一八九七〜一九八三年。京都帝国大学医学部で解剖学をおさめ、台北帝国大学教授になる。台湾各地で発掘調査や身体計測の調査を行う。戦後は九州大学や帝塚山《てづかやま》大学教授になった。山口県土《ど》井《い》ケ《が》浜《はま》埋葬遺跡で多数の

と飛躍するまでに成長していった証しとなる業績であった。

しかしながら、馬渕東一らの学問的探求も、個々の人類学者として手堅い研究を生み出していったものの、人類学研究は中央の学界からすればあまりにも弱小勢力でしかなかった。社会学では、アミ族やツォウ族などの家族組織の調査をしていた岡田謙がいたとはいえ、馬渕が卒業し、台湾を離れたあと、土俗人種学研究室の活動は凋落し、機関誌の『南方土俗』は衰退傾向に陥った。

こうしたなか、医学部に赴任してきた解剖学の金関丈夫《かなせきたけお》▲らは、台湾の民俗を発掘する作業を始め、一九四一(昭和十六)年から『民俗台湾』▲を発刊し、漢民族の風俗習慣を書き留めるために民俗学的研究に乗りだしていった。少数ではあったにしても、この雑誌には漢族の郷土史家が投稿していて、台湾色を打ち出している。これ以外に、人類学者が気焔を吐いたことといえば、皇民化政策のもとで漢族の寺廟を廃止する動きが総督府で決議されたとき、人類学者の宮本延人が各地で聞取り調査を実施し、台湾漢族の宗教の存続が必要なことを訴え、総督府の政策に反対したことである。世にいう「台湾寺廟整理問題」▲であって、宮本の活躍で多くの寺廟で漢族の神々の焼却は阻止された。この事件を除けば、

弥生《やよい》時代の人骨を発掘し、日本人の形成問題に話題を投げかけた。著書に『木馬と石牛――民族学の周辺』『琉球民俗誌』。

▼**『民俗台湾』** 金関丈夫を中心に、台湾漢民族の風俗習慣を研究する目的で、一九四一(昭和十六)年に刊行された。一九四三(昭和十八)年十二月、廃刊。

●――『民俗台湾』創刊号の表紙

▼**台湾寺廟整理問題** 皇民化政策を実施するなかで、漢族の寺廟を廃止しようとする動きが起こった。しかし、この運動は成功しなかった。

台北帝大の人類学者の調査活動といえば、海南島調査団の一行に参加したぐらいで、戦時下に向かって人類学者の純学術的研究は下火になる。

　これとは対照的に、植民地行政官などによって書かれたにわか仕立ての出版物が横行してくる。総督府の官吏であった鈴木《すずき》清一郎《せいいちろう》は『台湾旧慣　冠婚葬祭と年中行事』（台湾日日新報社、一九三四年）を著わし、新聞人の田上忠之《たがみただゆき》は一九三五（昭和十）年に『蕃人の奇習と伝説』（台湾蕃族研究所）という書物をだしている。この種の一般向けの読み本が人気を集めていたのが、この時期の特色であった。

　土俗人種学研究室の研究遂行能力が凋落し始めた昭和十年代には、その凋落を冷笑するかのような調査報告書が台湾総督府からだされた。一九三六（昭和十一）年から三九（同十四）年にかけて総督府警務局理蕃《りばん》課▲は『高砂族調査書』全六巻を刊行する。これは、あらかじめ調査項目を決め、台湾山中のほとんどすべての村落で聞きだした情報を統計的に処理した報告書であって、明らかに明治末・大正初期に総督府が実施した一連の慣習調査報告書とは性格を異にしている。今回の報告書の内容が、戸口、衛生、生活、進化、蕃社概況・迷信、薬用草根木皮という章立てで構成されていることから推測できるように、生活状況

▼台湾総督府警務局理蕃課　当時、高砂族と呼ばれていた人たちは居住地域の関係で違う行政組織に組み込まれていた。タイヤル族・ブヌン族・パイワン族などは山地に住んでいて「特別行政区域」に割り当てられ、平地帯に住んでいたアミ族・プユマ族などは、漢民族と同じ「普通行政組織」におかれていた。後者は一般の行政下におかれていたが、「特別行政区域」は警務局理蕃課の管轄する地域で、法的にも異なった扱いを受けた。

●—京城帝国大学法文学部民俗参考品室（戦前絵葉書）

▼京城帝国大学　現在のソウル市に設立された。

や教育程度など「理蕃」状況の達成度を「進化」という尺度から統計的に把握しようとした意図をもっていた。たとえば、国語（日本語）の理解度を村ごとに統計的な数値で示していて、総督府の統治がどのくらい達成されたか、この報告書では具体的に示されたのである。この報告書では儀礼についての記述はいたって少ない。しかも、それらは迷信として括られ、進化とは反対の極に位置づけられていた。こうしてみると、明治期の慣習調査の時代から皇民化政策が叫ばれていた時代へと、時代の流れの変化は調査活動そのものを変質させていったことがわかる。植民地官吏にとって、政策にかかわらない、おまけに啓蒙活動さえしない人類学者は無用な存在にみえていたにちがいない。

京城帝国大学と満蒙調査

京城《けいじょう》帝国大学▲は一九二四（大正十三）年に建てられ、法文学部と医学部との二つの学部で出発した。学生のほとんどが日本人であった台北帝国大学と著しく異なって、いずれの学部も学生定員の三分の一以上が朝鮮人学生であった。京城帝大は朝鮮人の実務的エリートの育成をめざした大学であった、といってよい。

京城帝大は宗教学の赤松智城、社会学の秋葉隆を擁し、のちに東京大学の人類学教室を背負って立つことになる泉靖一《いずみせいいち》が学生として学んだ。赤松智城と秋葉隆はともに朝鮮シャマニズムについての包括的研究を行い、巫歌《ふか》についての口碑伝承を丹念に記録し、『朝鮮巫俗の研究』(上・下、大阪屋号書店、一九三七・三八年)という大著を出版している。

宗教学者としての赤松智城▲が朝鮮巫俗によせる思いは深く、そして重量感がある。植民地官吏は統治のうえから巫俗など民間信仰を前近代的で不潔な遺物扱いにしていたが、赤松はこの態度に怒りをぶつける。赤松は、批判してこういう。すなわち、「思うに先ずこの巫俗の信念と行事とを所謂《いわゆる》迷信又は邪信として排斥せんとするのは、最も戒しむべき認識不足」と(赤松智城『朝鮮巫俗の研究』下、三二〇ページ)。

秋葉隆▲は東京帝大社会学の重鎮、戸田貞三に師事し、のちにイギリスで社会人類学を学んでいる。しかし秋葉は民俗の歴史的変遷に関心をもっていたようで、朝鮮の民間信仰の世界を多く研究対象として選んでいた。農村での家と村

▼**赤松智城**　一八八六〜一九六〇年。宗教学者。浄土《じょうど》真宗《しんしゅう》本願寺派。一九二七(昭和二)年、京城帝国大学教授となり、朝鮮・満洲・モンゴルなどの宗教、とくにシャマニズムの調査をした。

▼**秋葉隆**　一八八八〜一九五四年。東京帝国大学社会学科を卒業後、英国留学をへて、京城帝国大学教授。朝鮮・満洲で社会と宗教の調査をした。戦後は九州大学講師をへて、愛知大学教授。

亡者供養のために巫女が唱える物語の一節(上巻)

바리공쥬　捨　姫

나라로나라로공심은절이올고
절이남서가본이로소이다
헌닙이알으소사
칩세집소와삼십삼헌,나려집소와이십팔수
팔대장군남용무옹이진이오성이다
국으로전이여서도,강납은대한국,해동은조선국
리씨쥬상금마々님본으로기우서는
함경도영흥단천이본이로성이다
치여다백재일은산이천도하고
나려다유재일은죽은이천도하고
홍모란홍산쥬요,백모란백산쥬요
잔々헌촛불향내,일배쥬곡성으로
희망하시는날이로성여다
경긔는삼십칠관이요,양쥬는대모관이요

國々に功を立てたる寺にして、
寺は南西が本におはす(一)。
天様は知ろしめし給へ(二)。
仰ぎては三十三天、俯しては二十八宿。
八大將軍ナムオン・ムオンが保持し給ふ(三)。
國としては、江南の大漢國、海東の朝鮮國(四)。
李氏主上今上殿下の御本としては、
咸鏡道の永興端川が本におはす。
上は百齋日に生ける人間を薦度し(五)、
下は幽齋日に死せる人間を薦度し(六)、
紅牡丹の紅山酒、白牡丹の白山酒、
ほのかなる燭火と香、一杯の酒と哭聲にて
歆饗し給ふ日なりけり。
京畿は三十七郡にして、楊州は大郡なり(七)。

7 巫　女 (Moutang)
平安北道　郭山
頭に黒の手巾を巻き廣袖の神衣を着け手には八仙女を描ける扇をもつ。

6 巫　女 (Moutang)
京畿道　楊州
大監神の神裝をなせる老巫女。戰笠を頂き舊軍服を着けし金鈴と三佛扇とをもつ。

●── 赤松智城・秋葉隆『朝鮮巫俗の研究』　上巻は資料編でハングルと日本語の対訳で巫歌が紹介され，下巻で朝鮮巫俗の特徴が分析されている。

の祭祀に注目し、男は儒教の形式を踏まえた祭祀を行い、女は巫覡《ふげき》信仰に基礎をおいた祭祀を行うという二類型の存在を明らかにしたのは、秋葉隆の貢献であった。

赤松と秋葉の二人は朝鮮シャマニズム研究の延長として、一九三三（昭和八）年から三八（同十三）年にかけ、外務省文化事業部の委嘱を受けて満蒙調査を行っている。オロチョン（鄂倫春）族▲・ホジェン（赫哲）族▲・満（満洲）族▲・蒙古族・漢族・ホイ（回）族▲など、満洲居住の民族が対象で、親族と婚姻組織、宗教、祭祀儀礼の調査を行い、『満蒙の民族と宗教』（大阪屋号書店、一九四一年）を出版する。そのなかで、とりわけシャマニズム（薩満教）を中心に満蒙宗教の系統と類型を明らかにしたことで功績があった。さらに、オロチョン族の調査でも、外婚氏族制度と婚姻、キャンプと生活集団について詳細な資料を提供している。一九三八年には、京城帝国大学蒙疆学術探検隊が組織され、翌年、その成果として『蒙疆の自然と文化』（古今書院、一九三九年）が出版されているが、それをはるかに凌駕する内容であった。

秋葉隆は研究以外にも啓蒙的文章を書いていて、世相談義が好きなようであ

▼**オロチョン(鄂倫春)族**　アルタイ語族のツングース語系の狩猟民。

▼**ホジェン(赫哲)族**　ツングース語系の狩猟・漁労民。

▼**満(満洲)族**　歴史上では女真《じょしん》とも呼ばれ、清《しん》朝を樹立した民族である。現在では漢化が進み、満洲語はほとんど話されていない。

▼**ホイ(回)族**　中国少数民族の一つ。中央アジアから移住してきたアラブ系やペルシャ系の子孫で、イスラーム教を信仰している。

った。もっとも、その中身は薄く、秋葉の論文「王道国家論」（『政界往来』四巻五号、一九三三年）を読むと、満洲国を王道国家の理想と見立てるなど、時流に乗った内容でしかなかった。こうしたときの文章の軽さと調査での奮闘ぶりと、秋葉は二面性をもちあわせていたようである。

満洲の建国大学

軍人で思想家でもあった石原莞爾《いしはらかんじ》らによって、満洲には一九三七（昭和十二）年に建国大学が設立されている。短期間で消滅したので、大学として大がかりな学術調査はくまれなかったが、この大学には民俗学者の大間知篤三《おおまちとくぞう》▲、社会学者の大山彦一《おおやまひこいち》がいて、個人的立場から調査研究に励んでいた。

東大新人会での学生運動活動家から、転向して柳田國男の門下にくだった大間知篤三が、縁故があって満洲の建国大学に職をえたのは一九三九（昭和十四）年のことであった。この土地で、シロコゴロフ▲の『満洲族の社会組織』を読み、感動した大間知は多様な民族と接触するなかで調査活動に励むようになる。漢族や満（満洲）族だけでなく、ホジェン（赫哲）族・ダフール（達斡爾）族▲・モンゴル

▼**大間知篤三**　一九〇〇〜七〇年。民俗学者。族制研究の分野で戦後の民俗学の発展に寄与した。

▼**シロコゴロフ**　一八八九〜一九三九年。ロシアの人類学者。ツングース系民族の調査をした。ロシア革命で中国に逃れ、著作活動に専念した。

▼**ダフール（達斡爾）族**　中国東北地区に住むモンゴル系の少数民族。

●―建国大学の外観

族など、異文化との遭遇は大間知の知的好奇心を十分に満足させた。転向後の大間知の文章には天皇制を賛美する内容があるのは事実だが、この転向、そして柳田國男への帰依は大間知に豊かな稔りをあたえた。儀礼や宗教、とくにシャマニズムに関心をよせながら、ダフール族の巫俗を語るときの大間知は熱がはいっている。「巫教《ふきょう》といえば、人びとはややもするとただちに迷信、邪教《じゃきょう》を思い、巫といえばただちに詐術《さじゅつ》を弄し謊言《こうげん》を肆《ほしいまま》にする卑賤の徒を想うようである」が、これは「正鵠を得たものではな」く、「その治病巫術《ふじゅつ》でさえもなお素朴ながらに固有の宗教、文学、音楽、舞踊の綜合である」との認識を示す（大間知篤三『大間知篤三著作集』六巻、二一六ページ、一九八二年）。知識人や植民地行政官が迷信として排撃した民間信仰を人びとの持ち続けてきた文化として受けとめる寛大さが大間知にはあった。

一方の大山彦一▲も満（満洲）族のシャマニズムに関心をもち、調査を行っている。調査に取り組むときの大山は実証主義者の精神の持ち主で、つぶさに観察した儀礼を順序どおりに詳細に語っている。戸田貞三社会学を学んだ大山にしてみれば、社会事象の客観的理解に心がけていたのはうなずける。しかしなが

▼**大山彦一**　一九〇〇～六五年。社会学者。建国大学で民族学の調査を行う。戦後、鹿児島大学教授。南西諸島の家族制度を研究した。

ら、大山は思想的には熱心な国体擁護論者であった。もともとドイツの社会学理論に傾倒していた大山は、その理論を利用して満洲国家の正統性をはかろうと考えていた。満洲国をゲマインシャフト(共同社会)を追求する道義国家と称賛し、高天原《たかまがはら》神話をもつ天皇制の日本に重ねあわせることで、「五族《ごぞく》協和」を標題に掲げる満洲国での民族学研究の意義を称賛してやまなかった。建国大学での大山の講義とは、社会学理論の上澄みを集めた「満洲国家民族学」を教えることに徹していた。

大山彦一は、山中に住み狩猟生活を営むオロチョン族の調査も行っている。この狩猟民に対する大山の感情移入はきわだっている。大自然にいだかれて暮している素朴の民と映ったのであろうか、オロチョン族に接したときの大山は特別な感慨にふけり、「純情素朴なる勇気に富める人間」とまでほめたたえている。まったく、ロマンティズムの世界に耽溺してしまった大山の姿がここにはあらわれている。タヒチ島民に魅せられたゴーギャンのごとく、大山彦一にとってのオロチョン族とは機械文明に毒されることがない清純な山人であり、「未開幻想」を奏でてくれる存在にほかならなかった。

④—戦時下の人類学

時代の潮流——古野清人の遍歴

昭和初期の人類学は自由な研究環境にめぐまれ、世間から好事家と蔑まされるのを我慢すれば、のどかに研究を楽しむことができた。田辺壽利《たなべじゅり》や宇野円空《うのえんくう》など先達の社会学者や宗教学者に後援されながら、人類学は西欧の理論を吸収しながら根をおろしていった。しかしながら、昭和十年代になって皇民化《こうみんか》運動が叫ばれ、そして大東亜共栄圏が唱導されるころになると、事情は一変する。日本がアジア・オセアニアの地域で軍事的支配権を確立するにいたって、国家機関での人類学研究所の設立が要請されだすと、人類学者のなかには国策に協力し、人類学研究を政策づくりの一環として位置づけたり、あるいはそのための啓蒙活動に専念する者も出現した。

若き日にデュルケムの『宗教生活の原初形態』を翻訳し、いちやく宗教社会学者として名を馳せた古野清人《ふるのきよと》▲は、帝国学士院の嘱託になっていたとき、台湾での慣習法の調査にかかわりあう。すでに紹介したように、オランダの慣習法研

▼**古野清人**　一八九九〜一九七九年。一九二六(大正十五)年、東京帝国大学文学部宗教学科を卒業。一九四三(昭和十八)年には文部省民族研究所所員。台湾で調査を行い、『原始文化の探求』『高砂族の祭儀生活』を著わす。戦後は九州大学、東京都立大学教授などを歴任。

究と連動して帝国学士院は台湾での慣習法辞典の作成に向けて企画中で、古野もこの計画に参加した。デュルケム研究から出発し、宗教の社会現象に関心をもっていた古野にとって、その理論の実践の場を求めての台湾の野外調査は心からの情熱を湧き立たせる仕事であった。台湾での調査は古野にとって満足のいくものであった。アミ族の農耕儀礼やタイヤル族の慣習法に興味をいだき、パイワン族の首刈り習俗の文化的意味を探求することで、古野は知的好奇心を満足させることができた。その調査でえられた聞取り資料を整理し、かなりのちになるが、古野は『原始文化の探求』、さらに『高砂族の祭儀生活』などの著書を公刊している。それらの著作で古野が取り組んだ事柄は、デュルケムの理論に基づいて集団表象としての「原始文化」を分析してみせることにあった。

だが、実証的精神にあふれた古野ではあったが、しだいに、とりわけ戦時期にいたると、時勢に迎合しアジア主義者に変身していく。戦時中(一九四三年)、民族政策に寄与する調査研究機関として、文部省直轄の「民族研究所」▲が設立されたとき、古野はこの研究所の一員となり、アジア諸民族の統治にかかわる啓蒙的な仕事に携わっていくことになった。大東亜共栄圏が世間で鼓舞されるや、

▼**民族研究所**　「民族研究所官制」一九四三(昭和十八)年勅令第二〇号で設置が決まった。勅令には、「第一条　民族研究所ハ文部大臣ノ管理ニ属シ民族政策ニ寄与スル為諸民族ニ関スル研究ヲ行フ」とある。

古野はその音頭とりとして発言を増していく。この期間、古野は多くの随筆を書き、大東亜共栄圏の思想を絶唱し、その啓蒙活動に熱中している。大東亜の盟主として日本はアジアの指導者になり、遅れたアジア諸国を導いていく責務があることを繰り返し唱える煽動者になってしまったのである。こうした言説のなかには、デュルケムに傾倒していた若き日の面影はなく、単なる野次馬としての古野の姿しか映っていない。戦時期の古野の時局認識は、アジアの宗教について概略を論じた著書の一部によくあらわれている。すなわち、

> 風雲をはらんだ大東亜の天地に世界維新《いしん》の先駆として雄雄しい生誕を見た満洲《まんしゅう》国は、米英勢力の嫉妬と妨害の中にも健全な成長を遂げ、既に先頃輝かしい建国十周年の記念式典を挙げた。（中略）今や八紘《（ママ）》為宇の我が皇威の下に、満《まん》・漢《かん》・蒙《もう》・露《ろ》等の諸族の和親融合を国是として力強い発展をなしつつあるのである。（古野清人『大東亜の宗教文化』二一ページ）

儒教・仏教・道教・回（イスラーム）教、そしてアニミズムを含め、アジアの多種多様な宗教について、古野は詳細な解説をほどこしている。しかしながら、古野が力説したかったことは、日本が大東亜共栄圏の指導的立場に立って「こ

▼モース　一八七二〜一九五〇年。フランスの社会学者・民族学者。デュルケムの甥。呪術《じゅじゅつ》・供犠《きょうぎ》・贈与の研究を行い、全体的社会事実という概念を用いて研究した。著書に『贈与論』。

れらの宗教をして各々その処を得せしめつつ而も大東亜新秩序の建設に向かって協力せしめるよう指導」することを説くことにあった。この古野の言説はあまりにも傲慢である。ここには、国策に協力して、その音頭とりに成りさがった姿しかみることができない。

杉浦健一のみたパラオ

民族研究所には、モース▲やマリノウスキーの著作に造詣が深く、戦後には『原始経済の研究』や『未開人の政治と法律』などの著作を刊行した杉浦健一《すぎうらけんいち》▲が所属していた。杉浦は戦後の東京大学で文化人類学教室の教授になり、学界の指導者の一人になった人物である。杉浦は、戦前、南洋庁《なんようちょう》の嘱託であったとき、ミクロネシア各地の調査を手がけ、植民地統治のために人類学を実践的に応用すべきだと熱心に説いていた。

杉浦の調査地はミクロネシアであって、植民地《しょくみんち》統治にあたって地元の土地制度を知ることがもっとも肝要との立場から、パラオ島▲の土地制度の調査をしている。植民地統治によって住民の生活様式が変化するなら、いかに新事態に適

▼**杉浦健一**　一九〇五〜五四年。東京帝国大学宗教学宗教史学科で宇野円空・赤松智城から宗教民族学を学ぶ。一九三八(昭和十三)年には南洋庁地方課嘱託となり、ミクロネシアで土地制度や親族組織の調査を行う。一九四三(昭和十八)年に文部省民族研究所所員。戦後は東京外国語大学・東京大学の教授として文化人類学を担当。

▼**パラオ島**　ミクロネシア、西カロリン群島に属す。パラオはコロールを首都とする独立国だが、スペイン・ドイツ・日本・アメリカの統治を受けてきた。伝統的にはパラオの政治は首長の統制下におかれていたが、村落単位でみれば、住民はカブリールと呼ばれる母系氏族に組織され、その男性長老が一族を代表して村議会に出席し、集会所(アバイ)で会議をしていた。日本統治時代、パラオには南洋庁がおかれていた。

●――パラオ島のアバイ（集会所）

▼年齢集団　パラオには、氏族組織とは別に、老年組・中年組・青年組など、年齢を基準とした集団組織がみられた。男女ともあったが、男子の年齢集団は集会所をもち、青年はそこで寝泊りしていた。

応したらよいか、摩擦を最小にする対策を考えることが植民地当局に要求される研究課題であるというのである（杉浦健一「南洋群島原住民の土地制度」『民族学研究所紀要』第一冊、一七一～一七二ページ）。もっとも、この論文を読むかぎり、実学《じつがく》を説いている割には専門的言いまわしが多すぎて、どういう方法で植民地政策に寄与できるかはっきりとはわからない。

　パラオで杉浦が確認できた事柄は、土地私有制度が確立せず、氏族《しぞく》制度に立脚する特殊な旧慣が行われていた、ということであった。土地に関しては、原則として氏族が単位となって使用・相続権をもち、実質的には家族集団が個々の屋敷とそれに付属する田畑の利用権をもって生活していた、というのが杉浦の結論であった。母系氏族組織、年齢集団▲など、ていねいな調査をもとに組み立てられた詳細な分析は、植民地官吏の写実主義的報告書とは明らかに水準を異にしていて、社会人類学の手法を体得した研究者としての力量の高さをあらわしている。植民地行政のために資料を提供するというよりも、純粋に学術研究を目的とした論文であったと評価してよい。

　ところが、この論文を読み進めていくうちに奇妙な言いまわしが使われているのに気づく。この論文で杉浦が力説したかったことは、パラオの土地所有は西欧、あるいは文明人の私的土地所有とは違うということであった。杉浦は土地所有権者にかかわる記述をするとき、「パラオ」「パラオ島民」という固有名詞を使用している。このかぎりでは、問題はなにもない。しかしながら、比較の観点から「文明国」に話がおよぶとき、パラオの住民を「原住民《げんじゅうみん》」とおきかえ、西欧とパラオの関係を表現している個所が少なからず散見する。

たとえば、「文明国に於ける不動産としての土地とは意味に多少の相違がある。普通は原住民が実質的に使用している土地を jap と云い」(杉浦健一「前掲論文」二六八ページ)という表現である。その表現には、パラオという「未開社会」の特異性を「文明国」と比較することで、「文明」そのものを相対化させたいという杉浦健一の思いがあってのことかも知れない。しかしながら、パラオには私的所有の観念がなかったとしても、今ではよく使われている「総有」▲という所有概念で理解すればよかったことで、あえて「文明国」対「原住民」という対比での説明は必要でなかったはずである。パラオの住民を表記するのに、パラオという固有名詞でいえばよいだけで、あえて「原住民」と表記する必要など、なにも

▼**総有**　共同所有の一形態。共同所有には、(1)持分が設定され、分割請求権が認められる共有、(2)持分はもつが、分割・譲渡に制限のある合有《ごうゆう》、(3)持分権も分割請求権ももたない総有、とがある。

なかったのである。

杉浦の心中には、「文明」に対比される「未開」の「原住民」という図式があった。杉浦にとっては、その「原住民」といえども合目的に一定の規則に従う存在であり、当時の多くの識者にありがちな、憧れにも満ちた「未開ロマンティズム」の感情から自由であったかもしれない。しかしながら、学術研究として客観的な記述を志しながら、「未開」と「文明」という二項対立を強調することでどれだけパラオ社会を理解できたのか、疑問は残る。

国策と学術調査――台北帝国大学と海南島学術調査

台北帝国大学は、もともと南方経営の拠点として設立された大学である。その関係で熱帯地方の農業技術の方面で業績をあげてきた。太平洋戦争が始まる直前の一九三九(昭和十四)年、日本海軍は海南島《かいなんとう》▲を占領し支配した。この機会をみて、「帝国南方の学術的殿堂」を自負する台北帝国大学は、「天然資源の開発に対する基礎的調査研究を目標」としてその調査に率先してあたることを決意し、海軍の協力をえて一九四〇(昭和十五)年から数年にわたり農学部を主体

▼海南島　中国の南に位置する島。この島にはリー(黎)族やミャオ(苗)族が居住している。

▼リー(黎)族　海南島に住む中国少数民族の一つ。言語は漢・チベット語系に属す。

とした調査隊を海南島に送りだした。さきの満洲での調査団と同じく、海南島の支配を固める日本軍を支援するために行った資源調査であった。

第一回(一九四〇年)は、生物学を第一班、農学を第二班、地質学を第三班として総勢二八人の調査隊が編成され、このうち第二班には人類学・土俗学の専門家として金関丈夫《かなせきたけお》・宮本延人《みやもとのぶと》も参加した。第二回(一九四二年)にも「経済及民族関係班」として、この二人の人類学者が参加している。宮本の海南島での調査は少数民族、リー(黎)族▲を対象とし、自然人類学者としての金関は身体測定を試みていた。

海南島は地勢的に軍事的な重要拠点である。そこで、将来の支配をみすえ、駐屯軍当局もまた調査活動を企画する。そのとき、調査活動に従事したのは、経済部門の調査を担当した尾高邦雄《おだかくにお》と、台湾を去り東京高等師範にいた岡田《おかだ》謙《ゆずる》であった。海南海軍特務部の命により、海南海軍特務部政務局第一調査室の海軍嘱託という肩書きでこの二人は調査を行う。リー族を対象とした詳細な報告書を提出しているが(岡田謙・尾高邦雄『海南島黎族の社会組織並に経済組織』海南海軍特務部、一九四四年)、内容は徹底した純学術的調査報告であった。金関や宮本、尾高や岡田らの手堅すぎる報告が海軍当局にどのように使われたのか不明であるし、実学的価値がありそうもない報告書を海軍がどのように評価したのか、はっきりしない。ただ、はっきりとしていることは、客観的記述をとりながら、対象となる住民をあたかもガラス張りの向こうにいる被試験者のように策定したことであった。実証主義者としての方法といえば、それはそれで理解できる。しかし、時は戦時期であった。戦時期の人類学を考えるとき、こうした調査法は問題を残す。それについては、最後にまた取り上げることにしたい。

回教圏研究所・民族研究所・西北研究所

昭和十年代になり、日本が政治的にも経済的にも、そして軍事的にもアジア全体に関与する機会がふえるにつれ、今までとは違う種類の宗教・民族の研究が重要性を増してくる。一九三八(昭和十三)年に発足した「回教圏攷究所《かいきょうけんこうきゅうじょ》」(のちに、「回教圏研究所▲」と改名)の設立も時代をよくあらわしている。これは、イスラーム研究を目的とした国策の研究機関であった。北京《ペキン》の北西に位置する張家《ちょうか》

▼回教圏研究所　一九三三(昭和八)年に誕生した「イスラーム学会」を母体に、一九三八(昭和十三)年に「回教圏攷究所」が設立。ついで一九四〇(昭和十五)年に「回教圏研究所」と改名。国策に応えるためのイスラーム研究機関であった。

口《こう》に本部をおいて「大陸活躍者」を養成する組織であった善隣《ぜんりん》協会▲がこの経営にかかわり、国策の要請に応じて研究することを謳い文句にした研究所である。所員には野原四郎《のばらしろう》・蒲生礼一《がもうれいいち》・竹内好《たけうちよしみ》・井筒俊彦《いづつとしひこ》・幼方直吉《うぶかたなおきち》などがいた。人類学を専門とする研究者の集まりではないが、異文化研究ということで人類学ともいくらかの関係はある。

当時のアジア情勢をみればわかるように、アジアにいるムスリムはイギリスやオランダの植民地統治下におかれていて、やがてくる独立運動の火種をかかえていた。中国大陸でも、西域の新疆にはイスラーム教を信奉するウイグル族▲が暮しているし、ほかにも中国内には多数のムスリムが居住している。そのなかで、ホイ(回)族と呼ばれる少数民族はシルクロードをとおって中央アジアから渡来したムスリムの子孫であり、今では大陸の各地に広範囲にわたって暮している。歴史的には、そのホイ族は漢族と抗争しながら漢文化の影響を受けて漢化していて、民族意識はきわめて流動的である。戦時期、大陸での支配権を確保するため、日本はこのムスリムと漢族との分裂を誘い、民族問題を政治的に利用しようと企てていたのである。こうしてみると、回教圏研究所の政治的

▼**善隣協会**　モンゴルに関する調査研究や社会的活動を行うため、一九三三(昭和八)年に東京で結成された。のちに、中国の張家口にも蒙古善隣協会が設けられた。回教圏攷究所や西北研究所などの母体であった。

▼**ウイグル族**　中国新疆ウイグル自治区に住む。イスラーム教の信奉者が多い。

役割は明確である。もっとも、所員の学問的業績をみると、イスラーム研究の質の高さを誇るような学術論文がひしめいているのに遭遇する。政治的意図をもたずに、学術的論文を書く研究者はたくさんいた。

しかしながら、戦局の展開が人類学を御用学問とさせていった側面はたしかにある。植民地に多くの民族をかかえ、いやがうえにも「多民族国家」としての日本を意識せざるをえない状況が続くなか、しかも資源豊かな東南アジアが日本の勢力下におかれるようになると、その地域の地勢学的認識から人類学が必要とされてくる。大東亜共栄圏が声高に叫ばれだしたころには、人類学は脚光をあびるようになる。国家的規模での研究所が開設されるようになったのは、この趨勢を受けてからである。

一九四三(昭和十八)年、勅令《ちょくれい》第二〇号により文部省の管轄下に、京都帝国大学の高田保馬《たかたやすま》▲を所長として「民族研究所」が設立された。その目的は「民族政策ニ寄与スル為諸民族ニ関スル調査研究ヲ行フ」もので、帝国日本がアジア太平洋に勢力圏を伸ばしたことで、この地域の諸民族に対して国家的政策が必然的に要請されたからである。この民族研究所は岡正雄《おかまさお》らの人類学者の働きかけで

▼**高田保馬**　一八八三〜一九七二年。社会学者。京都帝国大学哲学科卒。京都帝大教授などを歴任。社会学の理論化に貢献した。著書に『社会学概論』。

成立しただけに、岡正雄はもちろん、小山栄三《こやまえいぞう》・八幡一郎《やはたいちろう》・江上波夫《えがみなみお》・古野清人・杉浦健一ら、多くの人類学者やその後援者が所員として名を連ねていた。機関誌『民族研究所紀要』には、さきに紹介した杉浦健一の民族学的論文のほかに、時局に乗って民族の意義を説く政治学者の中野清一の論文も掲載されていて、この機関誌が国策的意図をもって発行されていたことが裏打ちされている。その一方で、岩村忍《いわむらしのぶ》「甘粛回民《かんしゅくかいみん》の二類型」など、学術的価値の高い論文もみられ、当時の日本の学界が実証的研究と国策協力との二極に分解されていた状況が読みとれる。

この民族研究所の設立は学会組織に大きな変動をもたらした。それまでの日本民族学会は全国的規模の学会組織であり、渋沢敬三《しぶさわけいぞう》の資金をもとに附属施設として研究所と博物館をもっていたが、国立の民族研究所の誕生とともに、その支援にまわることになった。いいかえれば、日本民族学会は発展的に解消し、新設の民族研究所の外郭団体として装いを変え、「財団法人民族学協会」として発足しなおしたのである。ただし、この民族学協会が今までの研究活動を継承し、附属民族学博物館の運営と機関誌『民族学研究』の発行を受け持ったことに変わりはなかった。人類学者にしてみれば、研究活動の場が広がり、文部省によって研究者としての身分が保証される状況が開かれたので、このこと自体はおおいに歓迎すべきことであった。東京帝大理学部の人類学が自然人類学であり、台北《たいほく》帝大の人類学が「土俗人種学」を名乗っていたことを思い起こせば、これこそ、人類学（民族学、文化人類学）という名称の学問が国家によって認知された嚆矢であった。しかしながら、この研究所の設立は、他面では国策に翻弄される学問の姿をさらけだした。「財団法人民族学協会設立趣意書」には、つぎのような文面がみえる。

整備されたる学術的組織の下に民族学的素養のある学徒と提携聯絡して、主として大東亜共栄圏内の諸民族に関し実証的なる民族学的調査研究を行い、他面深く民族学的理論を探求して邦家の民族政策に寄与せんことを期す。（『民族学研究』八巻三号、一五五ページ、一九四三年）

今までの日本民族学会はこのようにして、研究者の集まりであるとともに、表向きは「邦家の民族政策」に寄与する政策団体へと変貌していった。この協会の会長は新村出《しんむらいずる》で、副会長・理事・監事ら二〇人のうち専門の人類学者は古野清人・岡正雄・移川子之蔵《うつしかわねのぞう》、その他にせいぜい宇野円空の名がみえるくらいの、風変わりな組織であった。しかし民族学協会は着実に機関誌として『民族学研究』を継続して発行していった。それとともに各種の研究機関と提携し啓蒙運動の推進に協力していく。今や民族学研究の本家となった民族研究所は「民族研究講座」を開設し、人類学の諸分野にわたり、各民族の文化を紹介するという概説的内容の啓蒙活動を行うようになった。民族研究所は、こうした啓蒙活動が「邦家の民族政策」に寄与することと考えていたようである。実際に、この時期には啓蒙活動が空前の高まりを迎えている。一方では、にわか仕立ての評論家や著述家が多数、登場し、アジア太平洋の諸民族の風俗習慣について概説した著書や訳書が大量に刊行されだしたのが、この時期の特徴であった。堅実な学問書も出版されはしたが、大東亜共栄圏内の民族を紹介するという触込みの、怪しげな読み本もまた数多く出版されていたのが当時の世相であった。そうしてみれば、このような過熱ぶりを煽り立てていた責任の一半が民族研究所にはなかった、などとはどうしていえようか。

戦局が押し迫り物資が不足してきて『民族学研究』の発行は一時中断される。

この雑誌が再刊されたのは、一九四六(昭和二十一)年になってからである。そのときには、民族研究所は廃庁になっていた。民族学協会もあらたな出なおしが必要になった。ただし、その名称は存続したままで、「日本民族学会」という以前の名称に復帰したのは一九六四(昭和三十九)年になってのことであった。

戦時期には人類学に関係する別の国立の研究所も開設していた。一九四四(昭和十九)年に、北京の北西、張家口に設立された「西北《せいほく》研究所▲」である。いささか民族研究所の弟分のきらいがあるが、これは国家の機関であるから人類学者の身分は保証され、野外調査の機会もあたえられていた。名だたる興安嶺《こうあんれい》探検隊を組織した今西錦司《いまにしきんじ》▲がここの所長で、石田英一郎《いしだえいいちろう》▲・藤枝晃《ふじえだあきら》・磯野誠一《いそのせいいち》・中《なか》尾佐助《おさすけ》らが所員であり、当時は学生であった梅棹忠夫《うめさおただお》も関係していた。日本の敗戦までの短期間しか存続しなかったのでめだった活動はしていない。ただ、所員たちはモンゴル高原を舞台に構想を練り上げていて、戦後の奔放なる生態人類学の理論的萌芽がここに育まれていた。戦時下にあっても、少しばかり明るさがさしていたのである。

▼西北研究所　一九四四(昭和十九)年に中国の張家口にできた研究所。満洲・蒙古一帯の民族学的調査を目的に設置された。

▼今西錦司　一九〇二〜九一年。京都帝国大学農学部在学中から登山家を志し、その経験をいかし、数々の野外調査を実施した。満洲の調査では、大興安嶺調査が有名。その成果は、『遊牧論その他』『生物社会の論理』として発展していった。戦後は京都大学人文科学研究所などで活躍し、カラコルム・ヒンズークシ学術調査隊やアフリカ調査隊を組織した。独自の進化論を発表し、学界に大きな影響をあたえたほか、京都での人類学研究のいしずえを築いたことで功績を残した。

▼石田英一郎　一九〇三〜六八年。京都帝国大学経済学部卒業。学生時代からマルクス主義に関心をもつと同時に、柳田國男《やなぎたくにお》の影響を受け、のちに、一九三七〜三九(昭和十二〜十四)年にかけて、ウィーン大学民族学科に留学。戦後、東京大学教授として広義の人類学の必要性を唱えた。主著に『河童駒引考』。

●——騎上のオロチョン族

オロチョン族研究の方法

中国東北部からシベリアにかけて大興安嶺と呼ばれる山脈が長く延びている。この山脈は、その長大さから、北の地域にあっては酷寒のツンドラ地帯、南の地域はステップ地帯、というように自然環境を異にしている。この厳しい環境のなかで、オロチョン(鄂倫春)と呼ばれるアルタイ語族に属す人びとが狩猟の生活を営みながら暮してきた。オロチョン族はトナカイを飼育し、あるいは馬に乗り、獲物の鹿などを求めて移動生活を送ってきた人たちである。日本が満洲を事実上の植民地におき、統治機構を整えだしたころ、日本人のなかにもオロチョン族に関心をもつ研究者や行政官がでてきた。

当時、オロチョン族に対しては二つの理由から関心がもたれていた。一つは学問的観点からであって、狩猟民という生業形態がまったくの異文化として関心を呼び起こしたこと、他の一つは、この地域がソ連邦と国境を接していて国防上の観点から重視され、おまけにオロチョン族は射撃の名手であって狙撃兵として活用できるという政治的関心からであった。だが、そうした理由はどうであれ、日本が満洲を支配したことで調査可能な地域が転がり込んできたことになる。

当時、満洲に展開する関東軍は、北辺の防備にオロチョン族を利用してきた清《しん》王朝をまねて、オロチョン族に対する宣撫活動を企てていた。軍によるオロチョン族に対する調査活動はその一環であって、そのオロチョン族研究は治安部参謀司調査課によって詳細に行われている。代表的な成果として『満洲ニ於ケル鄂倫春族ノ研究』(第一巻、一九三九年)があり、その機関で活躍した永田《ながた》珍《はる》馨《か》『満洲鄂倫春族』(満洲事情案内所、一九四四年)、あるいは吉岡義人《よしおかよしと》『鄂倫春語』(治安部参謀司調査課、一九三九年)の仕事がある。吉岡の言語採集を除けば、いずれも民族誌の体裁をとっていて、衣食住や生業などの記録のほか、氏族制度の記述があり、外婚制についても個々の事例を聞取りで確認しながら作業を進めていたようすがわかる。しかしながら、オロチョン族の社会構成についてはすでにシロコゴロフの詳細な研究があるのに引用はされず、しかも記述の深さでも遠くおよばない。豊富な写真は内容の理解を助けるが、旅行案内書とは違って読んで楽しめる要素は豊富なわけではない。

オロチョン族の調査に本格的に取り組んだのは、京城《けいじょう》帝国大学の赤松智《あかまつち》城《じょう》と秋《あき》葉《は》隆《たかし》である。京城帝大創立十周年の記念式のおり、外務省文化事業部により満蒙諸民族の研究を委嘱され、一九三三(昭和八)年から三八(同十三)年まで、通算一〇回程、延べ一六〇余日ばかり、この二人は大興安嶺のオロチョン族、松《しょう》花《か》江《こう》下流のホジェン(赫哲)族などの調査を実施した。その成果は、『満蒙の民族と宗教』(大阪屋号書店、一九四一年)という大著になって公刊されたほか、秋葉は別の機会に詳細な専門的論文をいくつか発表している。それらは先行研究を踏まえたうえでの記述という、学術論文執筆の手順を踏んだものである。とりわけシャマニズムの報告は克明で、人類学専門家としての勘どころをつかんだ記述といえる。秋葉の弟子である泉《いずみ》靖《せい》一《いち》▲もまたオロチョン族調査に携わっている。専門家向けに書かれただけあって、その報告はたいへん詳しく、社会構成や宗教など、オロチョン文化の全容は泉の論文から知ることができる。しかしながら、これらの研究は致命的な欠点をもっていた。それらの記述はあまりにも静態的であり、近代になってオロチョン族のこうむった歴史的変動には視点が向けられてはいなかった。

　大興安嶺を自然のパノラマとしてみれば、南から北へ、ステップ▲地帯、森林

▼**泉靖一**　一九一五〜七〇年。京城帝国大学で秋葉隆・赤松智城に師事。朝鮮や満洲で野外調査を行う。戦後は明治大学、東京大学の教授を歴任。その間、南アメリカに興味をもち、東京アンデス地帯学術調査団の主要メンバーとして活躍した。

▼**ステップ**　中緯度の半乾燥地帯に広がる草原。イネ科草本やヨモギを主体とした草原で、羊・馬などの放牧が行われる。

ステップ地帯、森林(タイガ▲)地帯、森林ツンドラ地帯という順序で地理的光景が展開される。人の行く手を阻む沼地、虻《あぶ》の大群、酷寒の冬、いずれも外部からの侵入者を受けつけない厳しい自然環境で守られた土地であった。このような環境でオロチョン族はたくましく生きてきた。一九四二(昭和十七)年、西北研究所に赴任する直前、京都帝国大学動物学教室にいた今西錦司は同好の士を集め、この大興安嶺の探検を行っている。「輝ける青春の記録文学」と褒め上げられることの多かった著作▲を生んだ大興安嶺探検は、やはりそれなりの魅力に満ちていた。この探検の以前に、今西錦司は京都探検地理学会の同士をつのってポーンペイ(ポナペ)島の調査にいったことがある。一九四四(昭和十九)年に『ポナペ島』(彰考書院)という大著としてまとめられたこの調査こそ、ほぼ同じメンバーを中核とした大興安嶺探検の下敷きになった調査旅行であった。

大興安嶺に住むオロチョン族は自然環境の適応形態から、一般的には馬オロチョンと馴鹿《トナカイ》オロチョンとに分類される。この分類は、自然環境が生活文化に大きな影響をあたえるという生態学的観点からなされたものである。森林地帯に住むオロチョン族は馬を狩猟生活の手段として飼養し、これに対してツンド

▼**タイガ**　ツンドラ地帯の南、亜寒帯の針葉樹林帯の総称。

▼**『大興安嶺探検』**　この探検の記録は戦後になって日の目をみた。初版は毎日新聞社から一九五二(昭和二十七)年に刊行された。写真にあげた朝日文庫版の末尾に本《ほん》多勝一《だかついち》は「輝ける青春の記録文学」と題して解説文を載せている。

ラ地帯では馴鹿飼育が生活の中心になるという違いが、文化のあり方に深くかかわっていた。

今西錦司が馬オロチョンを訪れたとき、最初の印象は不健康で陰鬱であり、精神的に沈滞していた、ということであった。この印象は今西にオロチョン族の現実を突きつけた。これと比較してみると、馴鹿オロチョンのほうがいきいきして裕福そうで、狩猟者として成功している、との感想をもったようである。そこで今西は差異の原因を求め、経済的・政治的、そして文化的活動の相違について考えるようになる。

すでに述べたように、関東軍はソ連軍に対する防御の必要性から、射撃上手のオロチョン族に目をつけ、懐柔するための宣撫工作を行っていた。そのため、馬オロチョンは当局から特殊任務を受け、最低限の生活が保障されていた。この結果、狩猟は衰退し、今までの生活秩序は破壊されてしまった。それに加えて、中国文化の影響を強く受け、伝統的習俗は残ったものの、文化は大きく変化していった。近代にいたっては、漢族商人からアヘンがもたらされ、それを購入するため、経済的負担が重くのしかかるという事態を招いていた。これが、

▼オロチョン族のアヘン吸引
キセルで肺に吸い込む漢族式の吸引法とは異なり、オロチョン族のアヘン吸引は口から飲み込み、胃から吸収する効率の悪い方法をとる。そのため、身体への損傷は多少とも軽減される。

馬オロチョンがおかれた当時の状況であった。それに対して、馴鹿オロチョンはいぜんとして狩猟民としての主体性をもち、狩猟に誇りを感じて生活を送っていた。馴鹿オロチョンは、ロシア文化の影響を受け、ギリシャ正教徒が多く、その宗教的信念の支えから、馬オロチョンのように生活が乱れることはなかった。

馬オロチョンのアヘン吸引▲は、狩猟後の疲労を癒したり、冬の寒さをしのいだりするために、当時、かなり蔓延していたようである。これに目をつけた泉靖一は、土産としてアヘンを持参すれば喜ばれるとして、軍から分与してもらい、調査の際に持ち込んだことがある。これをもとに、韓国の人類学者、全京秀《チョンギョンス》のように、泉靖一の調査には倫理観が欠如しているとして、調査者としての資質を非難することは可能である。しかしながら、この批判は正鵠をえているにしても、倫理の問題に還元してしまえば、問題が残る。泉のアヘン贈与の問題は個人の倫理観の次元にとどまらず、野外調査の方法論という大きな枠組みで検討すべき課題を考えさせるからである。

今西の著作をとおしてわかったことは、研究対象になった社会はたえず変化の過程にあり、それゆえ社会的変化をみすえたうえで調査活動を行うことが必要だ、ということである。秋葉隆や泉靖一の調査は木目細かく、専門的知識をもたらすという貢献をしている。しかし、この二人の報告には、まるで対象社会を実験室のなかに閉じ込め、調査者は窓ガラス越しに観察しているかのような姿勢が濃厚である。聞書きでえた資料を客観的に分析し、記述すること自体はまちがっていない。しかしながら、実験室で観察されたオロチョン族が、大昔からの狩猟生活を営み続ける人たちで、「未開幻想」に彩られたロマンティストの欲望を満足させる存在としか表現されなかったとしたら、大きな問題である。秋葉や泉は、実験室での作業に気をとられ、当時のオロチョン族のおかれていた社会状況が読めていなかったようである。

満鉄による中国農村調査

植民地での調査研究は行政府主導で進められるばかりではなく、たとえば満《まん》鉄《てつ》▲(南満洲鉄道株式会社)調査部のような株式会社でも行われていた。満鉄は一九〇六(明治三十九)年に設立された半官半民の国策会社で、創立初期から満

▼満鉄　南満洲鉄道株式会社の略称。初代総裁は後藤新平《ごとうしんぺい》である。交通・鉱工業・調査・拓殖・関係会社経営の五部門を事業としていた。このうちしだいに調査部門の役割が拡大し、「満鉄調査部」として満洲統治のため国策事業を企画するようになった。

洲・蒙古《もうこ》地方の政治・経済の調査に携わり、民間における土地の売買や貸借の慣行を研究してきた。慣習法の調査といえば、台湾の旧慣調査会を思い起こさせるが、事実、後藤新平《ごとうしんぺい》を初代総裁にいただく満鉄は台湾を見本にした慣習調査を実施している。こうして、一連の詳細な『満洲旧慣調査報告書』が出版された。以後、実力をたくわえた満鉄は、関東軍と結んで満洲経済建設計画を立案するなど、国策会社として巨大な姿に成長していく。

満鉄の調査活動は多肢にわたり、さまざまな領域を包括して実施されている。そのなかでも、最大の規模を誇る調査といえば、日中《にっちゅう》戦争のさなか、一九四〇（昭和十五）年から四四（同十九）年にかけて、東亜研究所▲と満鉄調査部との共同研究として実施された中国華北農村慣行調査である。その成果は戦後になって『中国農村慣行調査』全六巻（岩波書店、一九五二〜五八年）となって日の目をみている。この調査の主題は、法社会学の立場から家族構成や土地所有、村落構造や小作関係など、中国農村の規範意識を明らかにすることにあり、そのために質問事項は選ばれている。たとえば、河北《かほく》省の一農村（順義《じゅんぎ》県沙井《さい》村）では概況、村落、家族、土地所有権、水・土地売買、小作、公租公課、農村金融、取

▼**東亜研究所**　帝国日本の海外発展に資するため、一九三八（昭和十三）年に開設。初代の総裁は近衛文麿《このえふみまろ》。

●——中国・華北農村の市場風景
これは戦前、一九四〇年代に満鉄調査部の調査で撮影された、穀物取引市場の光景。

引に関する調査報告など、社会生活の主要な側面がことごとく網羅された調査項目が選ばれ、聞取り調査の対象になっている。

だが、この聞取り調査には問題がある。あの台湾での慣習調査では被調査者の回答が自然に流れでるように、相手の発話の文脈が尊重されていたのに対して、ここでの質問事項はあたかも誘導尋問をしているかのようである。まるで調査者の期待する回答を被調査者は想定して答えるような聞取り調査から、はたして民意が伝わってくるのであろうか、信憑性は疑われてしまう。当時の中国農村の姿をまったく写しだしていないわけではないにしても、この調査法の欠陥は致命的である。

本書に対する批判はすでに早い時期からなされている。その一つは、行政目的に役立てるのではなく、純学術的調査として行っているという調査者の意識が、かえって占領者の一員の調査であることを覆い隠しているのではないか、という批判である(古島敏雄「中国慣行調査第一巻を読んで」『歴史学研究』一六六号、五二ページ)。さらに、厳しく批判は続く。日本の憲兵隊《けんぺいたい》に護衛されるなかで行った調査は、学術的調査を標榜しながら、現実には権力を背景にして行ってい

171　村落篇

昭和十七年三月

（華北農村慣行調査資料第六〇輯）

村落篇第八號　河北省順義縣沙井村

調査員　旗田巍
通譯　徐秋仁

三月九日

青苗會　香火地　公共器具

應答者　楊潤（會首）・楊澤（會首）・楊永才（看廟）

場所　村公所

【青苗會の成立年代】　青苗會はいつ頃出來たか‖光緒年間にはなかった。民國初年に出來たのだろう

【成立事情】　青苗會は縣の命令で出來たか‖縣の命令によった

ではこの附近の村では一度に出來たか‖然り

【看青】　青苗會が出來てからと以前とでは、作物見張りの方法は違ったか‖青苗會が出來てからは村で青夫を傭って村全體の土地を見張った。それ以前は自分の土地は自分が見張った

【青苗會成立前の村費】　青苗會が出來る以前は村の費用はどうして出したか‖村の費用は何もいらなかった。ただ各人が縣に税金を出しただけ

廟の修理の時にはどうしたか‖小額なら村で出し、多額の時には附近の村々から金を集めた。村では按地畝で金を集めた

青苗會が出來る以前に大秋・麥秋はなかったか‖なし

當時司房先生はいなかったか‖然り

杜祥は青苗會が出來てから司房先生になったのか‖然り

當時流水賬はなかったか‖なし

當時修廟の金は誰が集めたか‖會首

當時縣より攤款は來なかったか‖なし

當時兵差はなかったか‖戰爭のある時には人夫や車を出した

村で金を集めて縣に出したことはないか‖ない

【香火地】　今の公會地を當時は何といっていたか‖香火地

香火地は小作に出していたか‖然り

その收入は何に使ったか‖廟のために使った

【和尙の收益】　當時廟に和尙がいたか‖いた

彼は右の收入で生活したか‖然り。香火地は和尙のものであった

小作料は和尙に渡したか‖然り

その金を何に使うかは和尙の勝手であったか‖然り

使って餘った金は和尙が持っていたか‖然り

金は和尙の財產となったか‖然り

【香頭】　當時村に香頭がいたろう‖然り

香頭は香火地の收入について關係しなかったか‖然り

廟の修理の時には和尙は金を出したか‖金があれば出した

【小作人】　香火地の小作人を和尙がきめたか‖然り

【弟子】　和尙は代々村にいた人か‖和尙は弟子を養う。それは本村人の時もあれば外村人の時もあった

その弟子が大きくなって和尙になるか、和尙が他から移って來たことありや‖普通はこの廟に育った弟子がこの廟の和尙になった。時には他から和尙を呼んだこともある

【和尙の借金】　和尙が借金した時に村で拂ってやったことはないか‖和尙の借金は村には關係なし

當時香火地を公會地といったか‖公會地とはいわなかった

當時公會地はなかったか‖なし

【碾子】　當時、廟の前に碾子はあったか‖あった

あれは廟のものであったか‖然り

村のものではなかったか‖村のもの

あれは香火地の收入で作ったものか‖否、村全體で金を集めて作ったもの

【井戶】　廟の東の公用の井戶は昔からあったか‖あった

あの井戶は香火地の收入で作ったものか‖否、村全體の金で作ったもの

【砥石】　廟の入口の砥石は如何‖やはり村全體で金を集めて作った

場所は變らぬか‖變らず

當時村の財產と廟の財產とは別だったか‖別だった

【梯・夯・墻板】　梯子、夯、墻板は民國以前にあったか‖なし

いつ頃出來たものか‖民國以後、楊潤の十七、八歳當時

それは青苗錢で作ったものか‖然り

【和尙の斷絕】　和尙がいなくなったのはいつか‖光緒十五、六年に和尙が死んでから後が絕えた

縣の命令で和尙を追い出したのではないか‖否

【老道】　光緒十五、六年以後、なぜ和尙を探さなかったか‖本村で老道を傭った

最初の老道は誰か‖孫有溫

孫有讓との關係は‖同族の兄弟

次の老道は‖楊永才

楊永才が老道になったのはいつか‖民國二十五、六年

【公會地】　和尙がいなくなってから香火地の收入は老道の收入になったか‖否。會首が取った

會首がこれを勝手に自分の生活のために使えたか‖否

何に使ったか‖村の公のために

和尙がいなくなってからは香火地を公會地と呼んだか‖然り

和尙がいなくなってから村の財產が出來た譯か‖然り

廟は誰の者か、和尙のものか、村のものか‖どちらのものでもない。廟を作る時に他村からも金を集めた

【村公會の成立年代】　村公會はいつ出來たものか‖民國以後

●── 中国農村慣行調査刊行会編『中国農村慣行調査』の本文（中国農村慣行調査刊行会『中国農村慣行調査』岩波書店，1981年）

るので、調査者と被調査者との関係は対等ではなかった、と糾す内容の批判である。この批判は、「調査者が、農村に、したがって農民と、どのようにしてかかわりあうか」という社会調査論の核心的問題を言いあてている。この調査では、それへの自省が欠落していたのである（野間清「中国農村慣行調査、その主観的意図と客観的現実」『愛知大学国際問題研究所紀要』六〇号、一八ページ）。

あらゆる社会調査でいつも配慮すべきことは、調査者と被調査者との関係である。調査者は政府関係者であれ、大学関係者であれ、たいていは被調査者よりも社会的に高く評価される位置にいて、権力関係でみると両者のあいだには避けがたい隔たりがある。たとえ客観性を標榜しようとも、こうした高い地位に立つ研究者が、その研究者の主題に即し客観的な議論を立てても、後世に残された記録は研究者の思想や社会的立場を反映した内容にならざるをえない。研究者は被調査者とどのような関係を結べばよいのであろうか。高い地位の研究者を前にして、被調査者は単なる観察されるだけの存在でしかないのであろうか。自分で自分の世界を語ることができない存在なのであろうか。答えはもちろん、否である。

明治以来、日本の人類学的学術調査はおもに植民地を舞台に展開してきた。その研究史を考えるとき、植民地主義との関係は切実である。実際に植民地行政にかかわった人類学者は多数というわけではなく、むしろ多くは純学術的調査に精力をそそいできた。だからといって、学術研究がはらむ権力性の問題には必ずしも自覚的であったわけではない。このような反省が広く日本の学会で議論されるようになったのは、一九九〇年代にいたってのことである。戦後から現在にいたる、この半世紀にわたる人類学調査の歩みは別の機会に譲るとしても、植民地主義と人類学調査の関連性について、一層の省察が必要とされる由縁である。本書は、そのための一環として書かれたものである。

臨時台湾旧慣調査会『台湾私法』全6巻, 臨時台湾旧慣調査会, 1910～11年
臨時台湾旧慣調査会『蕃族調査報告書』全8冊, 臨時台湾旧慣調査会, 1913～21年
臨時台湾旧慣調査会『清国行政法』全6巻7冊, 索引1冊, 臨時台湾旧慣調査会, 1913～14年
臨時台湾旧慣調査会『番族慣習調査報告書』全5巻8冊, 臨時台湾旧慣調査会, 1915～22年

●—写真所蔵・提供者一覧(敬称略, 五十音順)

赤松智城・秋葉隆『朝鮮巫俗の研究』上・下, 大阪屋号書店, 1937・38年　p. 75
ＮＨＫ取材班『秘境興案嶺をゆく』Ⅰ, 日本放送出版協会, 1988年　p. 95
関暁栄『尊厳与屈辱』時報文化出版企業有限公司(台湾), 1992年　p. 40
国立国会図書館　p. 13
「国立台湾大学人類学系パンフレット」・(石川豪提供)　p. 65
中国農村慣行調査刊行会『中国農村慣行調査１』岩波書店, 1981年　p. 103・104
東京大学総合研究博物館　カバー表下・p. 37・39・41
徳島県立鳥居記念博物館　扉(肖像写真は同館提供・館内写真は著者撮影)
日本順益台湾原住民研究会『伊能嘉矩収蔵台湾原住民写真集』南天書局(台湾), 1999年　p. 26
乃村工藝社情報資料室　p. 20
板東勇太郎編『写真集　建国大学』建国大学同窓会, 1986年　p. 78

＊所蔵者不明の写真は, 転載書名を掲載しました。万一記載漏れなどがありましたら, お手数でも編集部までお申し出下さい。

巻)
鳥居龍蔵「日鮮人は〈同源〉なり」『同源』 1号, 1920年(『鳥居龍蔵全集』12巻)
鳥居龍蔵『日本周囲民族の原始宗教』岡書院, 1924年(『鳥居龍蔵全集』 7巻)
鳥居龍蔵『人類学及人種学上より見たる北東亜細亜』岡書院, 1924年(『鳥居龍蔵全集』8巻)
鳥居龍蔵『有史以前の日本』磯辺甲陽堂, 1918年(改訂版:磯部甲陽堂, 1925年,『鳥居龍蔵全集』1巻)
鳥居龍蔵『人類学上から見たる西南支那』冨山房, 1926年(『鳥居龍蔵全集』10巻)
鳥居龍蔵「教育顧問として蒙古に行った頃」『教育』 7巻4号, pp. 549－555, 1939年
鳥居龍蔵『ある老学徒の手記』朝日新聞社, 1953年(『鳥居龍蔵全集』12巻)
鳥居龍蔵『鳥居龍蔵全集』全12巻, 別巻1, 朝日新聞社, 1975～77年
中薗英助『鳥居龍蔵伝――アジアを踏破した人類学者』岩波書店, 1995年
永田珍馨『満洲鄂倫春族』満洲事情案内所, 1944年
南洋庁『南洋群島に於ける旧俗習慣』南洋庁, 1939年
野間清「中国農村慣行調査, その主観的意図と客観的現実」『愛知大学国際問題研究所紀要』60号, pp. 1－37, 1977年
古島敏雄「中国慣行調査第一巻を読んで」『歴史学研究』166号, pp. 50－53, 1953年
古野清人『古野清人著作集』全7巻, 別巻1, 三一書房, 1972年
古野清人『大東亜の宗教文化』文部省教学局編纂, 1943年
松岡静雄『ミクロネシア民族誌』岡書院, 1927年(再版, 岩波書店, 1943年)
馬渕東一「中部高砂族の父系制に於ける母族の地位」『民族学年報』 1巻, 1939年(『馬渕東一著作集』3巻, 社会思想社, 1974年)
馬渕東一『馬渕東一著作集』全3巻, 補巻1, 社会思想社, 1974・88年
村山智順『朝鮮の鬼神』朝鮮総督府, 1929年
安田浩「近代日本における〈民族〉観念の形成」『思想と現代』31号, pp. 61－72, 1992年
矢野暢『日本の南洋史観』中公新書, 1979年
臨時台湾旧慣調査会『台湾私法附録参考書』全7巻, 臨時台湾旧慣調査会, 1909～10年

後藤新平「台湾の経営上旧慣制度の調査を必要とする意見」『台湾慣習記事』5号, pp. 24－38／6号, pp. 25－35, 1901年
白須浄真『大谷探検隊とその時代』勉誠出版, 2002年
杉浦健一「南洋群島原住民の土地制度」『民族学研究所紀要』1冊, pp. 167－350, 1944年
杉浦健一『原始経済の研究』彰考書院, 1948年
鈴木経勲『南洋探検実記』博文館, 1892年(復刻：鈴木経勲『南洋探検実記』平凡社, 1980年)
総督府警務局理蕃課『高砂族調査書』全6冊, 台湾総督府警務局理蕃課, 1936～39年
第一次満蒙学術調査研究団(徳永重康編)『第一次満蒙学術調査研究団報告』全25冊, 早稲田大学理工学部内満蒙学術調査研究団事務所, 1934年
台北帝国大学土俗人種学研究室『台湾高砂族系統所属の研究』(本編・資料編)台北帝国大学土俗人種学研究室, 1935年
台北帝国大学理農学部『台北帝国大学　第一回　海南島学術調査報告』台北帝国大学理農学部, 1944年
台湾慣習研究会『台湾慣習記事』台湾慣習研究会, 全6巻, 全13冊, 1901～07年
台湾総督府『高砂族調査書』台湾総督府, 全6巻, 1936～39年
治安部参謀司調査課『満洲ニ於ケル鄂倫春族ノ研究』1巻, 治安部参謀司調査課, 1939年
中国農村慣行調査刊行会編『中国農村慣行調査』全6巻, 岩波書店, 1952～58年
全京秀「阿片と天皇の植民地／戦争人類学――学問の対民関係」『先端社会研究』2号, pp. 127－159, 2005年
朝鮮総督府『朝鮮半島史編成ノ要旨及順序』朝鮮総督府, 1916年
朝鮮総督府『朝鮮古跡調査報告――大正五年度朝鮮古跡調査報告書』朝鮮総督府, 1917年
坪井正五郎『坪井正五郎集』上・下, 築地書館, 1971～72年
坪井正五郎「本会略史」『人類学会報告』1号, pp. 1 － 3, 1886年
坪井正五郎「明治年代と日本版図内の人種」『人類学雑誌』29巻1号, pp. 1－12, 1914年
寺田和夫『日本の人類学』角川文庫, 1981年
鳥居龍蔵『紅頭嶼土俗調査報告』東京帝国大学, 1899年(『鳥居龍蔵全集』11

●——参考文献

赤松智城・秋葉隆『朝鮮巫俗の研究』上・下, 大阪屋号書店, 1937・38年
赤松智城・秋葉隆『満蒙の民族と宗教』大阪屋号書店, 1941年
秋葉隆「大興安嶺東北部オロチョン族踏査報告(1)」『京城帝国大学法文学会　第二部論叢』4輯, pp. 1－48, 1936年
秋葉隆『朝鮮民俗誌』六三書院, 1954年
泉靖一『泉靖一著作集』全7巻, 読売新聞社, 1971〜72年
泉靖一「大興安嶺東南部オロチョン族踏査報告」『民族学研究』 3巻1号, pp. 39－106, 1936年(『泉靖一著作集』1巻, 1972年)
伊能嘉矩・粟野伝之丞『台湾蕃人事情』台湾総督府民政部文書課, 1900年
今西錦司『今西錦司全集』全10巻, 講談社, 1974〜75年
今西錦司編『大興安嶺探検』毎日新聞社, 1952年
今西錦司・伴豊「大興安嶺におけるオロチョンの生態(1)(2)」『民族学研究』13巻1号, pp. 21－39／13巻2号, pp. 140－159, 1948年
大谷光瑞・長沢和俊編『シルクロード探検』白水社, 1998年
大間知篤三『大間知篤三著作集』全6巻, 未来社, 1975〜82年
大間知篤三「ダウール族巫考――ハイラル群を対象として」『建国大学研究院月報』41号, 1944年(『大間知篤三著作集』6巻, 1982年, 所収)
大山彦一「薩満教と満洲族の家族制度」『民族学研究』7巻2号, 1941年(大山彦一『中国人の家族制度の研究』関書院, 1952年, 所収)
大山彦一「オロチョン調査の旅」『建国大学研究院月報』25号, 1943年
大山彦一『民族学講義要綱』(手稿本, 東洋文庫所蔵, 出版年不詳)
岡田謙『未開社会における家族』弘文堂, 1942年
岡田謙・尾高邦雄『海南島黎族の社会組織並に経済組織』(黎族及其環境調査第五輯)海南海軍特務部, 1944年
河口慧海『チベット旅行記』全5巻, 講談社, 1978年
喜田貞吉『喜田貞吉著作集』全14巻, 平凡社, 1979〜82年
喜田貞吉「朝鮮民族とは何ぞや」『民族と歴史』 1巻6号, 1919年(『喜田貞吉著作集』8, 1979年, 所収)
喜田貞吉『韓国の併合と国史』三省堂, 1910年(『韓国併合史研究資料』3, 龍渓社, 1995年, 所収)
黒板勝美先生生誕百年記念会『黒板勝美先生遺文』吉川弘文館, 1974年
小泉鉄『台湾土俗誌』建設社, 1933年

日本史リブレット64

近代《きんだい》日本《にほん》の海外学術《かいがいがくじゅつ》調査《ちょうさ》

2006年5月25日　1版1刷　発行
2016年9月30日　1版3刷　発行

著者：山路《やまじ》勝彦《かつひこ》

発行者：野澤伸平

発行所：株式会社 山川出版社

〒101−0047　東京都千代田区内神田1−13−13
電話 03(3293)8131(営業)
03(3293)8135(編集)
http://www.yamakawa.co.jp/
振替 00120-9-43993

印刷所：明和印刷株式会社

製本所：株式会社 ブロケード

装幀：菊地信義

Printed in Japan ISBN 978-4-634-54640-0

日本史リブレット　第I期［全68巻］

1 旧石器時代の社会と文化――白石浩之
2 縄文の豊かさと限界――今村啓爾
3 弥生の村――武末純一
4 古墳とその時代――白石太一郎
5 大王と地方豪族――篠川　賢
6 藤原京の形成――寺崎保広
7 古代都市平城京の世界――舘野和己
8 古代の地方官衙と社会――佐藤　信
9 漢字文化の成り立ちと展開――新川登亀男
10 平安京の暮らしと行政――中村修也
11 蝦夷の地と古代国家――熊谷公男
12 受領と地方社会――佐々木恵介
13 出雲国風土記と古代遺跡――勝部　昭
14 東アジア世界と古代の日本――石井正敏
15 地下から出土した文字――鐘江宏之
16 古代・中世の女性と仏教――勝浦令子
17 古代寺院の成立と展開――岡本東三
18 都市平泉の遺産――入間田宣夫
19 中世に国家はあったか――新田一郎
20 中世の家と性――高橋秀樹
21 武家の古都、鎌倉――高橋慎一朗
22 中世の天皇観――河内祥輔
23 環境歴史学とはなにか――飯沼賢司
24 武士と荘園支配――服部英雄
25 中世のみちと都市――藤原良章
26 戦国時代、村と町のかたち――仁木　宏
27 破産者たちの中世――桜井英治
28 境界をまたぐ人びと――村井章介
29 石造物が語る中世職能集団――山川　均
30 中世の日記の世界――尾上陽介
31 板碑と石塔の祈り――千々和到
32 中世の神と仏――末木文美士
33 中世社会と現代――五味文彦
34 秀吉の朝鮮侵略――北島万次
35 町屋と町並み――伊藤　毅
36 江戸幕府と朝廷――高埜利彦
37 キリシタン禁制と民衆の宗教――村井早苗
38 慶安の触書は出されたか――山本英二
39 近世村人のライフサイクル――大藤　修
40 都市大坂と非人――塚田　孝
41 対馬からみた日朝関係――鶴田　啓
42 琉球の王権とグスク――安里　進
43 琉球と日本・中国――紙屋敦之
44 描かれた近世都市――杉森哲也
45 武家奉公人と労働社会――森下　徹
46 天文方と陰陽道――林　淳
47 海の道、川の道――斎藤善之
48 近世の三大改革――藤田　覚
49 八州廻りと博徒――落合延孝
50 アイヌ民族の軌跡――浪川健治
51 錦絵を読む――浅野秀剛
52 草山の語る近世――水本邦彦
53 21世紀の「江戸」――吉田伸之
54 近代歌謡の軌跡――倉田喜弘
55 日本近代漫画の誕生――清水　勲
56 海を渡った日本人――岡部牧夫
57 近代日本とアイヌ社会――麓　慎一
58 スポーツと政治――坂上康博
59 近代化の旗手、鉄道――堤　一郎
60 情報化と国家・企業――石井寛治
61 民衆宗教と国家神道――小澤　浩
62 日本社会保険の成立――相澤與一
63 歴史としての環境問題――本谷　勲
64 近代日本の海外学術調査――山路勝彦
65 戦争と知識人――北河賢三
66 現代日本と沖縄――新崎盛暉
67 新安保体制下の日米関係――佐々木隆爾
68 戦後補償から考える日本とアジア――内海愛子

〈すべて既刊〉

第II期［全33巻］

69 遺跡からみた古代の駅家
70 古代の日本と加耶
71 飛鳥の宮と寺
72 古代東国の石碑
73 律令制とはなにか
74 正倉院宝物の世界
75 日宋貿易と「硫黄の道」
76 荘園絵図が語る古代・中世
77 対馬と海峡の中世史
78 中世の書物と学問
79 史料としての猫絵
80 寺社と芸能の中世
81 一揆の世界と法
82 戦国時代の天皇
83 日本史のなかの戦国時代
84 兵と農の分離
85 江戸時代のお触れ
86 江戸時代の神社
87 大名屋敷と江戸遺跡
88 近世商人と市場
89 近世鉱山をささえた人びと
90 「資源繁殖の時代」と日本の漁業
91 江戸の浄瑠璃文化
92 江戸時代の老いと看取り
93 近世の淀川治水
94 日本民俗学の開拓者たち
95 軍用地と都市・民衆
96 感染症の近代史
97 陵墓と文化財の近代
98 徳富蘇峰と大日本言論報国会
99 労働力動員と強制連行
100 科学技術政策
101 占領・復興期の日米関係

〈白ヌキ数字は既刊〉